청소년을 위한 정치 교과서

참여하는 시민
즐거운 정치

청소년을 위한 정치 교과서

참여하는 시민 즐거운 정치

지은이 · 이남석 ㅣ 펴낸이 · 김현태 ㅣ 펴낸곳 · 책세상 ㅣ 일러스트 · 권기수 ㅣ 초판 1쇄 펴낸날 2005년 8월 15일 ㅣ

초판 19쇄 펴낸날 2019년 8월 5일 ㅣ 주소 · 서울시 마포구 잔다리로 62-1, 3층 (04031) ㅣ 전화 영업부 · 02-704-1251 ·

편집부 · 02-3273-1333 ㅣ 팩스 · 02-719-1258 ㅣ 이메일 · bkworld11@gmail.com ㅣ 홈페이지 · chaeksesang.com ㅣ

페이스북 · /chaeksesang ㅣ 트위터 · @chaeksesang ㅣ 인스타그램 · @chaeksesang ㅣ 네이버포스트 · bkworldpub ㅣ

등록 1975. 5. 21 제 1-517호 ㅣ ISBN 978-89-7013-530-4 03000

* 이 도서의 국립중앙도서관 출판시도서목록(CIP)은 서지정보유통지원시스템 홈페이지(http://seoji.nl.go.kr)와
  국가자료공동목록시스템(http://www.nl.go.kr/kolisnet)에서 이용하실 수 있습니다. (CIP제어번호:CIP2017006005)

청소년을 위한 정치 교과서

참여하는 시민
즐거운 정치

| 이남석 지음 |

일러두기
1. 이 책의 이해를 돕기 위해 책과 잡지, 신문 등에 실린 글을 본문에 인용했다. 주로 '읽을거리'와 '생각거리' 그리고 본문 옆에 편집된 짧은 글의 형태로 실린 이 글들은 청소년들이 본문의 내용을 이해하는 데 도움을 주고, 더 나아가 스스로 생각하고 행동하는 데 도움을 줄 것이다.
2. 이 책에 실린 글들은 해당 언론사와 출판사, 단체, 저자에게 서면과 구두로 사용을 허락받았다. 사용을 허락해준 여러분께 감사드린다.

제2장 빛바랜 청사진, 근대의 시민 61

 머리말

지금 내가 살고 있는 곳 주변에는 학교가 많다. 걸어서 5분 이내 거리에 초등학교부터 고등학교까지 여러 개의 학교가 들어서 있다. 그런 까닭에 나는 매일 학생들을 보고 산다.

고등학생들의 새벽 등굣길. 재잘거리며 가는 학생, 은박지에 싼 김밥이나 샌드위치를 먹으며 가는 학생, 자전거 페달을 힘껏 밟으며 가는 학생, 아빠 오토바이 뒤에 몸을 싣고 가는 학생, 엄마나 아빠의 차를 타고 가는 학생, 새벽부터 뭐가 그리 즐거운지 함박웃음을 터뜨리는 학생, 말싸움을 하며 가는 학생…….정겨운 모습들이다.

주변에 학교가 많아서인지 각종 학원도 많다. 그래서 늦은 밤에도 학원에서 집으로, 혹은 독서실로 이동하는 학생들을 많이 볼 수 있다. 허기진 배를 채우기 위해 길거리에서 떡볶이와 어묵을 먹는 학생, 닭꼬치를 먹는 학생, 햄버거를 먹는 학생……. 역시 정겨운 모습들이다.

　요즘 십대들은 몸도 마음도 훌쩍 크다. 자기가 좋아하는 일에는 마니아 수준의 열정을 쏟는다. 컴퓨터 게임도 수준급이다. 새로운 상품에 대한 접근도 빠르고, 새로운 매체와 기계를 사용하는 데도 주저함이 없다. 의식도 개방적이며, 좋으면 좋다 싫으면 싫다 자신의 감정과 의견을 솔직하게 표출한다. 기성세대의 눈으로 보면 이들은 확실히 새로운 세대다.

　군사 독재 시대 말기에 태어나 김영삼 대통령의 '문민정부', 김대중 대통령의 '국민의 정부', 노무현 대통령의 '참여정부'를 거치면서 자라난 새로운 세대. 그들은 대통령을 왕으로 착각하지도 않고, 대통령의 죽음이 곧 국가의 죽음이라고 생각하지도 않는다. 그들은 '반공'과 '도덕'이, '국민'과 '윤리'가 같이 붙어 있는 교과목이 존재했다는 사실을 아예 알지도 못하는 세대다. 반면 그들은 대통령이라도 잘못을 하면 사형과 무기징역을 선고받을 수 있다는 것을 경험한 세대이고, 이를 당연하게 여기는 세대다. 또 그들은 자신이 중요하게 생각하는 일이라면 태극기를 몸에 두르고 '대 ~한민국'과 '아리랑'을 목이 터져라 부르며 광화문을 점령하기도 한다. '잘못된 것'에 대해 '아니다'라고 단호하게 말하지만, 자신이 '이해할 수 없는 것'에 대해서는 '싫지만 받아들일 수 있다'고 생각한다.

　그들은 비장한 각오를 하고 이를 앙다문

채 죽어 있는 민주주의를 살리자고 거리로 나서지 않는다. 대신 그들은 즐기듯이 주변의 것들에 관심을 가지고 참여한다. 그들은 재미있다고 생각하면 자신이 할 수 있는 최대한의 노력을 하면서 열심히 배우고 즐기는 세대다. 그들이 나서면 어떤 성역도 무너진다. 그들의 무기는 총과 칼이 아니라 날카로운 댓글이자 끝장을 보는 토론이며, 누구의 지시도 명령도 받지 않는 자발적 참가다. 그들은 일상생활에서 참여하는 시민의 모습을 준비하고 있으며, 유희로서의 참여를 통해 민주주의를 숙성시키는 세대다.

나는 이 새로운 세대에게서 절망이 아닌 '희망'을 읽는다. 성숙한 시민을 준비하고 있는 학생들, 그들의 일상화되어 있는 참여, 그리고 그들의 참여를 통한 민주주의 발전의 희망을 매일 출퇴근길에서 보고 있다. 그들은 나와 남이 다를 수 있음을 인정하고, 각자가 느낀 대로 참여하며, 그렇게 함으로써 민주주의를 성숙시켜나갈 것이다.

이 글을 쓰는 과정에서, 학교에서 학생들과 함께 호흡하고 계신 여러 선생님들의 도움을 받았다. 기획 단계에서 체계를 잡는 데 도움을 주신 김원태 선생님(안양고)과 홍지원 선생님(동안고), 원고를 꼼꼼히 읽고 아낌없이 조언해주신 백승미 선생님(부용중), 김애경 선생님(토평고), 김윤정 선생님(토평고)께 고마움을 전한다.

2005년 8월

이남석

제1장
시민의 시대

가난하다고 해서, 여성이라고 해서, 어리다고 해서, 나이가 너무 많다고 해서, 피부 색깔이 다르다고 해서, 믿는 종교가 다르다고 해서, 몸이 불편하다고 해서, 성적 선호도가 다르다고 해서 정치적 의미의 시민이 못 될 이유는 없다. 어느 누구도 그런 이유를 들어 시민이 되는 것을 막을 수 없다. 우리는 우리의 자손의 자손에게 시민으로서의 정치적 권리를 물려주어야 할 의무가 있다. 국가와 사회를 구성하는 우리 모두가 시민이다.

　　　　　　　　　오늘날 우리는 모두 흔히 '시민'이
라고 불린다. 그래서 오늘날 '시민'은 어떤 지역, 사회, 국가에
속해 살아가는 사람들 일반을 가리킬 때 사용하는 단순한 명칭
쯤으로 여겨질 뿐이다. 하지만 시민은 특별한 역사적 과정을
거쳐 형성된 개념이며, 그 형성 과정을 돌아보면 시민이라는
말 속에 담긴 의미가 대단히 중대함을 알 수 있다. 시민은 어
느 날 갑자기 하늘에서 떨어진 존재가 아니다. 시민은 중세의
동토에서 싹터 근대 국가의 탄생을 이끈 존재이며, 이후 현대
에 이르기까지 국가와 사회의 주체로서의 지위를 보장받기 위
해 스스로 줄곧 노력해온 존재다.

　근대 국가가 자본주의와 민주주의를 근간으로 하는 것인 만
큼 시민의 개념도 이 두 차원과 관련돼 있다. 처음에 시민은
단지 경제적 영향력을 지닌 존재에 불과했지만, 그 경제력을

바탕으로 점차 정치에 영향력을 발휘할 수 있게 되었으며, 혁명을 통해 자유와 평등, 그리고 참정권을 포함한 인간의 기본권을 쟁취했다. 이 모든 일은 단번에 완벽하게 이루어진 것이 아니고, 국가와 사회의 다양한 구성원들이 강자든 약자든, 다수자든 소수자든 상관없이 모두 평등하게 시민으로서의 지위를 획득하게 되기까지는 오랜 시간이 걸렸다. 오늘날의 민주국가의 시민은 모두 그런 과정을 거쳐 완성된 존재들이다.

1. 나는 잘 살고 싶다
—경제적 의미의 시민

얘야, 돈이란 말이다

돈 없이 세상을 살아갈 수 있는 사람이 있을까? 없다. 대도시 한복판에서 미친 듯이 바쁘게 살아가든, 두메산골에서 세상과 담을 쌓고 살아가든, 돈 없이 세상을 살아갈 수는 없다. 의지나 신념으로는 가능할지 모르지만 현실적으로는 불가능하다. 이 시대를 살아가기 위해서, 생존을 위한 최소한의 물건을 얻기 위해서 어느 정도의 돈은 꼭 필요하다. 모든 물건과 교환할 수 있는 돈의 기능 때문에 돈은 필요하기도 하거니와 중요하기도 하다.

이런 중요성 덕분인지 돈과 관련된 옛 이야기도 많고, 일화나 우화도 많다. 돈과 관련해 부모가 자식에게 흔히 하는 말은 이런 것이 아닐까. "얘야! 돈 너무 많이 벌려고 하지 마라. 돈이란 남한테 손 벌리지 않아도 될 정도로만 벌면 된단다." 아마 대부분의 사람들은 청소년기에, 혹은 사회에 나갈 때, 혹은 직업을 얻기 전에, 혹은 결혼하기 전에 한 번쯤 이런 말을 들었거나 듣게 될 것이다. 물론 세상의 모든 부모가 다 이렇게 말하는 건 아니겠지만, 그렇다고 자식에게 "개같이 벌어서 정승처럼 써라"라든지 "돈을 정말 많이 벌어서 떵떵거리고 살아봐라"라고 말할 부모는 그리 많지 않으리라 생각된다. 돈을 적당히, 남한테 빌리지 않아도 될 만큼만 벌며 살라는 말은 '생존을 위한 최소한의 물건을 얻기 위해 필요한 것'이라는 돈의 기본 성격을 생각할 때 그리 틀린 말은 아닐 것이다.

그렇다면 '적당한' 돈의 액수는 얼마일까? 사람들마다 살아가는 데 필요한 돈의 규모가 달라서 어느 정도가 적당하다고 단정할 수는 없다. 생활 형편에 따라, 집안 성격에 따라, 또 물가나 사회 상황에 따라 '적당한 액수'가 달라질 것이다. 그럼 적당한 돈을 벌기 위해 어떤 수단과 방법을 이용해야 하는 것일까? 역시 다를 것이다. 그런데 우리가 꼭 생각해보아야 할 질문이 있다. '왜 살아가는 데 필요한 적당한 수준의 돈을 꼭 벌어야 하는 것일까?' 그 답은 의외로 우리가 익히 알고 있는 고전인 《로빈슨 크루소Robinson Crusoe》에서 찾아볼 수 있다.

《로빈슨 크루소》의 작가 디포Daniel Defoe는 풍운아였다. 디포의 직업은 실업가, 무역업자, 열정적인 정치 참여자, 정치 평론가, 소설가 등 너무 다양해서 어느 하나로 정의할 수 없다. 목사 지망생이었던 디포는 5년 동안이나 목사가 되는 공부를 했지만, 종교보다는 상업과 무역에 더 관심이 많았다. 디포는 한때 장사에 뛰어들었으나 성공하지 못하고 많은 빚을 졌다. 또 반란에 가담한 죄로 런던 거리에서 조리돌림을 당했으며, 풍자적인 글을 써서 감옥에 수감되기도 했다. 60세 무렵에 《로빈슨 크루소》를 써서 폭발적인 대중적 인기를 누리고 많은 돈을 벌었다.

"널 좋은 데 취직도 시켜주겠다. 네가 의욕과 근면으로 일하면 돈을 벌어 편하고 즐거운 생활을 할 수 있다. 그런데도 집과 고향을 떠나려 하다니 그건 방랑벽이 아니면 무엇이겠느냐? 모험을 찾아 바다를 항해하면서 기발한 일로 이름을 날리려는 자들이란 극심한 절망에 빠진 사람이거나 아니면 야심만만하고 재산이 굉장히 많은 모험가이다. 그런 계획은 네 손이 닿을 수 없는 거다. 너는 중간층 아니면 하류의 상층이라 할 신분을 가지고 태어났는데, 이것은 오랜 경험으로 보아 이 세상에서 가장 좋은 신분으로 사람의 행복을 갖기 알맞은 계층이다. 천한 일을 해야 하는 사람들이 겪어가야 할 가난과 고역, 노동과 고통을 겪지 않을 것이고, 상류 계급처럼 오만이나 호사, 야심이나 질투로 고민할 필요도 없다. 이 한 가지 사실만으로도 우리 신분이 얼마나 행복한가를 판단할 수 있을 거다. 바로 이런 신분은 다른 계층 사람들이 모두 부러워하는 거야. 예를 들면 예부터 왕자들은 권세 있는 자리에 태어났기 때문에 겪어야 하는 불행을 한탄하며, 귀천의 두 극단이 아닌 중류층으로 살았으면 하고 바랐던 것이다. 가난이나 부귀를 피하려고 슬기로운 사람들은 진정한 행복의 참 기준은 바로 중간층의 신분이라고 증언했다."

아버지는 말씀을 이으셨다.

"네가 잘 살펴보면 알겠지만, 인생의 재앙은 상류층과 하류층에 일어나기 마련이고, 중류층은 거의 재난을 겪지 않는다. 상·하류

자유주의적인 동시에 보수적인 사회과학자인 베버Max Weber와 사회주의적인 사회과학자인 마르크스Karl Marx는 로빈슨 크루소를 통해 경제를 설명하기를 좋아했다. 로빈슨 크루소는 자본주의 경제 현상을 분석하기에 아주 좋은 조건을 갖추고 있는 인물이기 때문이다. 베버는 로빈슨 크루소가 자본주의 정신을 체현한 인간의 전형이라고 파악했고, 마르크스는 로빈슨 크루소의 행동을 빌려 노동가치론을 설명했다. 《로빈슨 크루소》를 모험담이 아닌 자본주의 시대의 경제 현상을 파악하는 하나의 수단으로 읽어보자.

층처럼 덧없이 변하는 인생의 소용돌이를 겪지 않는다. 이를테면 중류층은 심신을 아울러 별다른 사고나 불행을 당하지 않는다. 그러나 도덕을 거슬러 사치를 부리는 사람들, 그와 반대로 고된 노동을 하며, 나날의 양식이나 생활 수품이 모자라는 사람들은, 바로 그네들의 살림 탓으로 수난을 겪게 된다. 그러나 중용의 생활은 모든 덕성과 안락에 알맞은 살림이다. 평화와 부유함은 중산층의 하녀요, 절제와 중용, 건강과 친교, 모든 유쾌한 오락과 바람직한 쾌락은 중류 생활자에게 주어지는 축복이다. 이런 생활이야말로 몸을 팔 필요도 없고, 복잡한 환경 속에서 마음의 평화와 육체의 안식을 잃지도 않고, 엄청난 일에 질투하거나 남몰래 불타는 야망으로 흥분하지 않는다. 안온한 상태에서 세상을 점잖게 살며 생활의 즐거움을 충분히 맛본다. 고통 없는 삶이야말로 행복이라 생각하고, 하루하루 경험으로 그 행복을 더욱 절실하게 알게 되는 것이다. 이렇듯 평범하고 편안하게 끝을 맺는 것이 보람 있는 인생이다.”

—다니엘 디포, 《로빈슨 크루소 제1부》, 김병익 옮김(문학세계사, 1993), 12~13

《로빈슨 크루소》에서 찾을 수 있는 답은 바로 ‘중산층으로 살기 위해서’다. 놀라운 것은, 중산층으로 살아야 한다는 로빈슨 크루소의 아버지의 훈계가 오늘날 우리의 아버지 어머니가 자식들에게 하는 잔소리와 너무나 닮았다는 것이다. 300여 년

전의 영국에 살았던 청년과 우리 시대를 살아가는 청소년들의 상황이 흡사하다는 말이다.

　그렇다면 로빈슨 크루소의 아버지가 로빈슨 크루소에게 바랐던, 우리의 아버지나 어머니가 우리에게 바라는 중산층이란 어떤 사람들을 말하는가? 《로빈슨 크루소》가 씌어질 당시에 상류층이 귀족이나 왕족 또는 귀족 출신의 고위 성직자였고 하류층이 농민(농노)이나 농촌에서 이주해 온 도시 노동자 또는 도시 빈민이었다면, 중산층은 한마디로 부르주아bourgeois, 곧 경제적 의미에서의 시민이었다.

중세 질서의 파괴자, 부르주아

　중산층, 즉 부르주아는 어떤 성격을 갖고 있었을까? 그들은 경제적 · 정치적 의미에서 중세 질서의 파괴자이며, 새로운 세계를 세운 건설자들이었다.

　중산층을 의미하는 부르주아는 사전적인 의미로는 성 안에 사는 사람을 가리킨다. 장원(莊園)에서 도망을 한 농노거나 농촌에서 이주한 사람들인 이들은 도시에 살면서 중세 봉건 질서의 억압과 고통으로부터 벗어나 자유를 찾고자 했던 사람들이다. 그래서 부르주아는 가장 먼저 자유를 요구했고, 그중에서도 중세의 억압적인 질서에서 벗어날 수 있는 토대를 마련하기 위해 돈을 벌 수 있는 경제적 자유를 요구했으며, 이를 토대로 생산 수단을 장악해갔다.

중세 시대의 특징은 무엇인가? 중세 시대는 농업을 근간으로 하는 사회였으며, 특권층과 비특권층의 신분 구별이 엄격한 사회였다. 특권층은 주로 귀족, 고위 성직자, 기사 등으로 구성되었고, 이들이 비특권층인 농민과 농노를 경제 외적 강제를 통해 통제했다. 수적으로는 지배 계층인 특권층이 극히 소수를 차지하고 피지배 계층인 비특권층이 대다수를 차지했다. 즉 중세는 피라미드형 위계 질서를 따르는 농업 사회였다.

　이들 부르주아는 이미 부와 명예와 권력을 소유하고 있던 귀
족이나 왕족과는 질적으로 다른 계층이자 계급이었다. 상류층
인 기사, 고위 성직자, 귀족, 왕족이 부자로 살 수 있었던 것은
첫째로 조상 덕분이었다. 이들은 조상 대대로 거대한 토지와
농지, 산림과 방앗간 등을 물려받았다. 이들이 부자로 살 수
있었던 두 번째 이유는 사회 체제에 있었다. 이들은 자기보다
높은 계층에 봉사한 대가로 토지와 농지 등을 하사받고 농노로
하여금 이 땅을 경작하게 함으로써 부를 쌓아왔던 것이다. 봉
건제하에서 극소수의 상류층인 기사, 고위 성직자, 귀족, 왕족
은 토지의 경작에서 나온 이익을 독점함으로써 커다란 부를 소
유했으며, 부를 사치와 향락에 소비했다.

반면 봉건제 말기에 새롭게 나타난 부르주아는 토지를 근거로 부를 축적한 귀족과는 완전히 다른 존재였다. 부르주아는 이윤이 남을 만한 물건을 직접 농민에게 주문해 조달하고 이것을 판매함으로써 부를 얻기 시작했다. 그들은 상류층의 생산 수단인 토지와는 다른 생산 수단을 얻기 위해 노력했다.

그들은 원거리 무역을 하고, 도시의 특권을 이용했으며, '양이 사람을 잡아먹는다'는 모어Thomas More의 말대로 인클로저enclosure를 단행했다. 그들은 농촌에서 도시로 이주해 빈곤층으로 전락한 노동자를 착취하는 등의 방식으로 부를 축적했다. 부르주아는 돈벌이가 되는 일이라면 지구 끝까지라도 찾아갔으며, 돈을 벌기 위해서라면 수단과 방법을 가리지 않았다. 이렇게 해서 한번 형성된 재산은 높은 언덕에서 굴러 내려오는 눈덩이처럼 기하급수적으로 불어나기 시작했다. 그 결과 부르주아는 어느 누구의 견제도, 침해도 받지 않을 만큼의 부를 소유하게 되었다.

흩어져 있던 공유지와 목초지 등을 개인 소유의 땅으로 구획하는 것을 가리키는 인클로저는 원래 울타리close를 친다en는 뜻을 담고 있다. 이 말을 확대 해석하면 울타리를 쳐서 울타리 밖으로 농민을 몰아낸 뒤 그 안에서 양을 키우는 것을 의미한다. 영국에서 인클로저가 시작된 과정이 바로 이런 방식이었다. 양을 키워서 얻은 양털은 양모 산업 발전의 일등 공신이 되었고, 결국 인클로저는 봉건제의 몰락과 산업 혁명의 전조가 되었다.

새로운 사회의 건설자, 부르주아

중산층이었던 부르주아는 축적한 부를 바탕으로 사회의 어엿한 주역으로 등장했다. 그들은 과거의 상류층인 기사, 귀족, 왕족, 상층 성직자, 왕족을 몰아내고, 상류층의 자리를 차지하기 시작했다.

부르주아는 근면과 노력과 착취를 바탕으로 부를 축적했고,

이를 토대로 경제를 장악했다. 그들은 과거의 상류층과 대립하면서 새로운 경제의 주체로 성장했다. 과거의 상류층은 사치와 향락으로 인해 몰락하기 시작했으며, 시대 흐름을 파악하지 못해 소유했던 부의 원천인 토지마저 상실했다. 부르주아는 과거 상류층의 부의 원천인 토지까지 사들여 과거 상류층의 마지막 숨줄을 끊어버렸다. 그들은 경제를 완전 장악했다.

사회의 새로운 상류층으로 등장한 부르주아는 이제 부를 바탕으로 과거 상류층의 전유물이었던 권력을 갈구했다. 부르주아의 첫 번째 야심은 정치적 특권의 획득이었고, 두 번째 야심은 특권을 소수가 차지하는 것이었으며, 마지막 야심은 특권을 항구화하는 것이었다. 그들은 권력을 차지하기 위해 부단한 노력을 했다. 그들은 처음에는 상류층의 권력의 토대를 야금야금 갉아먹었을 뿐이다. 그들은 절대주의 왕정을 유지하는 데 필요한 상비군과 관료제 유지에 소요되는 뒷돈을 댐으로써 귀족의 권력에 도전했다.

절대주의 시대의 왕들은 부르주아의 도움이 없이는 하루도 권력을 유지할 수 없었다. 부르주아는 마침내 절대주의 왕정을 무 뜨리고 권력을 장악할 수 있다고 판단했을 때, 시민혁명을 단행했다. 그들은 절대주의 왕정을 몰아내고 귀족, 상층 성직자, 왕족을 권력으로부터 추방했다. 그리고 그들은 모든 시민은 평등하다고 선언하고, 자유, 평등, 박애가 실현되는 새로운 사회 질서를 건설하기 시작했다.

절대주의란 중세와 근대 자본주의 시대의 중간에 나타났던 정치사상이다. 절대주의는 왕족과 귀족 그리고 신흥 부르주아의 타협의 산물이라고 볼 수 있다. 왕은 귀족에게 실권이 없는 허울뿐인 정치를 맡겼다. 신흥 부르주아는 왕에게 통치에 필요한 자금을 지원했고, 그 대신 왕은 신흥 부르주아에게 각종 특권 산업을 넘겨주었다. 절대주의 시대의 왕들은 "짐이 곧 국가다"라고 말할 정도로 무소불위의 권력을 소유하고 있었다.

남자친구보다, 여자친구보다 10억이 더 좋아요

　　　　　부르주아는 어두운 중세를 파괴하
고 새로운 세계를 연 사람들이라는 점에서 긍정적인 이미지를
지니고 있다. 그러나 다른 한편, 부르주아는 모든 것을 돈으로
환산하고, 돈이 되는 것이면 무엇에든 달려들고, 모든 것을 이
윤을 남기는 거래의 관점에서 바라보는, 돈을 대단히 중시하는
사람들이기도 했다. '돈을 위해 살고 돈을 위해 죽는 사람', '돈
을 위해서라면 피도 눈물도 없는 사람' 같은 부정적인 이미지
가 부르주아의 또 하나의 얼굴을 이루게 된 것은 이 때문이다.
　　현대의 중산층은 이러한 부르주아와 반쯤은 비슷하고, 반쯤
은 다르다. 다른 부분은 생산 수단을 소유하고 있지 않다는 점
과 산업 혁명을 일으키지 않았다는 점이다. 비슷한 부분은 중
산층으로 살아가기를 지향하고, 돈을 마치 생의 목적인 양 갈

구하며 살아간다는 점이다. 나아가 돈을 벌지 않으면 삶의 언저리로 밀려날 수밖에 없기 때문에 열심히 노동하지 않으면 안 된다는 점도 비슷하다. 오늘날 소위 시민들은 대부분 이러한 중산층을 지향하며 돈을 좇는다. 언제부턴가 한국 사회에 소위 '10억 만들기' 열풍이 불고 있는데, 심지어 여자친구보다, 남자친구보다 10억이 더 좋다고 말하는 사람들도 있다. 돈을 좇는 우리의 모습을 잘 보여주는 단면이다.

우리는 돈을 벌기 위해 타인의 고통에 애써 관심을 갖지 않으며, 돈을 벌기 위해 파우스트적인 거래도 한다. 그러면서 나와 내 가족의 편안을 위해서라고, 내 아이들이 거리를 헤매지기 위해서라고 스스럼없이 고백한다. 우리가 현실에서 접하는 문제의 대부분은 바로 사적 이윤의 무리한 추구에서 비롯된 것들이다. 오늘날 중산층을 지향하는 우리의 머릿속에는 어두운 중세를 밀어내고 자유, 평등, 박애의 새로운 사회를 건설한 부르주아에 대한 기억은 남아 있지 않고, 물질적 풍요라는 부르주아의 얼굴만이 남아 있는 셈이다.

2. 나는 국가의 주인으로 살고 싶다
―정치적 의미의 시민

수탈당하는 사람들

시민이란 무엇이고, 누구인가? 경제 수준에서 중산층을 지향하는 사람들만이 근대 이후의 시민인가? 그렇지만은 않다. 사회 속에서 살아가고 있는 모든 구성원들을 다 시민이라고 부르고, 현대 사회를 시민 사회라고 일컫기 때문이다. 또한 시민 단체를 구성해 국가와 사회의 모든 문제에 적극적으로 개입하며 훈수를 두는 시민들도 존재한다. 그들은 분명 경제적 의미의 시민이 아니다. 그렇다면 그들은 누구인가? 바로 정치적 의미의 시민이다.

경제적 의미의 시민이 중산층의 경제 수준을 지향하는 사람들이라면, 정치적 의미의 시민은 어떤 존재인가? 정치적 시민은 1789년 프랑스 혁명 직전의 상황에서 배태되었다. 당시 왕

프랑스 혁명에 대해 자세히 알고 싶다면 김혜린의 《북해의 별》과 이케다 리요코의 《베르사유의 장미》라는 만화를 보는 것도 좋다. 《북해의 별》은 프랑스 혁명과 같은 고전적인 부르주아 혁명을 잘 형상화했으며, 《베르사유의 장미》는 역사적 사실과 가상의 인물을 결합해 프랑스 혁명의 모습을 잘 전달해주고 있다.

이었던 루이 16세와 왕비 마리 앙투아네트는 노동자와 농민들에게서 거두어들인 세금으로 사치와 도박을 일삼았다. 귀족들은 향락과 도박으로 밤이 새는 줄 몰랐고, 자신들이 즐기는 사냥으로 인해 농민들이 엄청난 피해를 입는 줄도 몰랐다. 또한 가난한 자의 몸과 마음을 어루만져주어야 할 고위 성직자들은 인간의 영혼을 구제하기는커녕 사리사욕을 채우기에 바빴다.

반면 거리에는 굶주린 채 추위에 떨고 있는 사람들이 가득했다. 빵값은 하루가 다르게 오르는 반면에 노동자들의 임금은 게걸음을 면치 못하고 있었고, 노동자는 실업의 공포에 시달렸다. 농민들은 가뭄으로 인한 흉작으로 고통 받았다. 이러한 상황에서도 노동자와 농민들은 소득 전체와 부동산에 부과되는 세금인 타유taille, 인두세, 부동산·상업·지대(地代)에 부과되는 20분의 1세, 도로 확장에 노동력을 제공하는 부역을 감당해야 했다. 게다가 이들은 포도주를 마시고 소금을 먹는 데에도 세금을 내야 했으며, 종교에 바치는 10분의 1세도 내야 했다.

수탈에 저항하는 사람들

배부른 지배 계층과 굶주린 하층민의 골은 점점 깊어져, 결국 이들 하층민, 즉 노동자, 농민, 도시 빈민의 분노가 극에 달했다. 그리하여 1789년 1월에는 브르타뉴 지방에서 대학생 중심의 부르주아와 귀족 간에 싸움이 일어났고, 3월에는 브장송 시에서 봉기가 일어나 고등법원 판사들의 집이 약탈을 당했다. 4월에는 파리의 레비용 공장에서 폭동이 일어나 500여 명의 사망자가 생겼다. 그러나 이러한 사건들은 분노의 폭발을 예고하는 전조였을 뿐이다. 1789년 7월 14일, 무장한 노동자, 농민, 도시 빈민(당시 파리의 인구는 약 65만 명이었으며, 그중 약 10만 명이 도시 빈민이었다)들이 학정과 봉건 제도의 상징인 바스티유 감옥을 점령했다. 1789년 10월 5일에는 파리 빈민의 부녀자들이 '빵'을 요구하며 베르사유 궁전을 향해 행진했다. 시청을 지키던 국민방위군도 합류해 이들의 뒤를 따랐다. 이들은 지배 세력인 귀족, 성직자, 왕족을 단두대로 올려 보냈다. 그들은 봉건적 특권을 폐지했고, 모든 인간이 평등함을 선언했다. 이것이 바로 프랑스 혁명이다.

정치적 의미의 시민의 원형은 바로 프랑스 혁명을 일으킨 사람들, 즉 '텅 빈 배때기'를 움켜쥐고서 먹을 것과 정치적 자유를 요구하고 나선 사람들이다. 노동자, 지식인, 농민, 도시 빈민, 여성, 군인 등 사회를 구성하는 모든 사람, 지배층에 의해 억압받아온 모든 사람이 바로 그들이다.

당시 신부이자 혁명가의 한 사람이었던 시에예스E. J. Sieyès는 《제3신분이란 무엇인가Qu'est-ce que le tiers état?》라는 글에서 "제3신분이란 무엇인가? 전능이다. 지금까지 제3신분은 무엇이었던가? 전무(全無)였다. 앞으로 제3신분은 무엇이 되고자 하는가? 그 무엇인가가 되고야 말 것이다"라고 말했다. 과거에 이들은 억압과 수탈을 당하면서도 아무런 저항을 할 수 없었으며, 아무런 영향력을 발휘할 수 없었다. 그러나 프랑스 혁명을 통해 이들은 자신들이 사회의 주체임을 자각하고 시민으로 다

제3신분이란 프랑스 혁명 이전에 성직자와 귀족에 속하지 않는 평민층을 가리키던 말이다. 14세기 초에 삼부회가 소집되었을 때 가장 낮은 신분의 계층을 이렇게 부른 데서 비롯했다. 그러나 시간이 지남에 따라 제3신분은 돈으로 관직을 산 계층, 거대 상인, 금융가, 선주 같은 부유층과 우리가 알고 있는 가난한 일반 평민에 이르기까지 다양하게 분화되었다.

시 태어났다. 이들은 모든 인간은 자유롭게 태어났고, 누구에게도 양도할 수 없는 권리를 가지고 태어났으며, 누구도 그 권리를 침해할 수 없다는 취지의 〈인권선언문〉(1789)을 탄생시켰다.

읽을거리

인권선언문

제1조 인간은 권리에 있어 자유로우며 평등하게 태어나고 생존한다. 사회적 차별은 오직 일반적인 선에 기초하여 마련된다.

제2조 모든 정치적 단결의 목적은 소멸될 수 없는 인간의 자연권을 보존하기 위한 것이다. 이들 권리란 자유, 재산권, 안전 및 억압에 대한 저항을 뜻한다.

제3조 모든 주권의 원리는 본질적으로 국민에게 있다. 어떤 단체나 개인을 막론하고 국민으로부터 직접 유래하지 않는 어떠한 권한도 행사할 수 없다.

제4조 자유란 다른 사람을 해치지 않는 한 뭐든지 할 수 있다는 것을 의미한다. 그러므로 각 개인의 자연권 행사는 사회의 다른 구성원도 동등한 권리를 누릴 수 있다는 점을 제외하고는 어떤 제한도 받지 않는다. 이러한 제한은 오직 법에 의해서만 정해진다.

　　……

제10조 누구도 법에 의해 확립된 질서를 교란하지 않는 한, 종

교적 견해를 포함한 자신의 의견이나 발표로 인해 신변에 불안을 느끼게 해서는 안 된다.

제11조 사상 및 의견의 자유로운 전달은 인간의 가장 소중한 권리의 하나이다. 따라서 모든 시민은 자유롭게 말하고, 쓰고, 인쇄할 수 있다. 그러나 법에 규정된 경우처럼 이러한 자유의 남용에 관해서는 책임을 져야만 한다.

......

제14조 모든 시민은 스스로 또는 대표자를 통해 공공 지출이 필요한가를 결정할 권리, 그것을 승인할 것인지를 결정할 권리, 그것을 어떻게 사용될 것인지 알 권리, 그 비용 즉 조세를 어떠한 방식으로 어떤 비율로 거둘 것인지를 결정할 권리가 있다.

......

제17조 재산권은 신성불가침한 것이므로, 누구도 공익을 위해 필요하고, 법에 의해 규정된 경우, 또한 소유자가 사전에 정당한 보상을 받는다는 조건이 아니고는 빼앗기지 않는다. 1789년 8월 26일.

―노명식,《프랑스 혁명에서 파리 코뮌까지 : 1789~1871》(까치, 1993), 56~58

그들의 요구 사항은 분명했다. 그들은 "대표 없이는 과세 없다"고 분명히 선언했다. 그들은 국가의 모든 권력은 구사회를 이끌고 지배해왔던 귀족, 성직자, 왕족 대신 바로 자신들, 즉 시민으로부터 나온다고 주장했다. 그들은 자신들이 투표권을 행사해 선출한 시민의 대표자가 국가와 사회를 대표해야 한다고 주장했다.

전쟁도 감수하는 '권리 지키기'

혁명이 성공했다고는 해도, 전체 인구의 3%도 되지 않는 왕족, 귀족, 성직자에게 억압당하며 살아왔던 제3신분이 곧장 국가와 사회의 주역으로 성장한 것은 아니었다. 그들에게는 또 한 번의 시련이 기다리고 있었다. 완전하고도 철저한 프랑스 시민 혁명의 적은 프랑스의 왕족, 귀족, 성직자만이 아니었다. 다른 국가들의 지배 계층 또한 프랑스 혁명의 자유, 평등, 박애 정신을 두려워했다. 프랑스에서 그랬듯이 그로 인해 자신들의 지위가 위태로워질 것을 염려해서였다. 따라서 그들은 프랑스 시민 혁명의 노도와 같은 자유의 불길을 끄고자 했다.

스위스와 스칸디나비아 반도의 국가들을 제외한 대부분의 유럽 국가들이 시민이 성장하고 있는 나라인 프랑스를 상대로 전쟁을 선포했다. 프랑스는 유럽 안의 외로운 섬이 되었다. 프랑스의 패배는 불을 보듯 뻔한 일이었다. 프랑스의 패배는 곧 프랑스 시민 혁명의 패배이자, 성장하고 있는 시민의 패배로 귀결될 운명이었다.

그러자 프랑스 시민 혁명 정부는 혁명과 시민을 지키기 위해

최초의 시민 혁명인 1688년의 영국 명예혁명을 통해 태어난 〈권리장전〉은 시민의 권리가 무엇인지 잘 보여준다. 〈권리장전〉은 다음과 같이 선언하고 있다. 1. 의회의 승인 없이 법을 개정하거나 법의 효력을 정지시킬 수 없다. 2. 의회의 승인 없이 과세할 수 없다. 3. 의회의 승인 없이 상비군을 유지할 수 없다. 4. 의회의 선거는 자유로워야 한다. 5. 의회 내에서의 토론은 자유로워야 한다. 6. 의회는 자주 소집되어야 한다. 7. 법은 공정하고 적절하게 운영되어야 한다. 8. 의회 내에서의 발언, 토론, 의사 진행의 자유는 의회 밖에서 탄핵되거나 심문의 대상이 될 수 없다.

'16세부터 50세까지의 모든 시민은 누구든지 영구 징집되어 군대에 편입된다'고 선언했다. 일정 연령에 달한 모든 시민이 전쟁에 징집되는 것은 전 세계에서 유례가 없는 일이었다. 프랑스 시민 혁명 정부는 남녀에 관계없이 모두 전쟁에 동참하라고 다음과 같이 선포했다. "조국의 형제들은 무장하여 수많은 대대들로 편성될 것이다. 무장하지 못한 자는 탄약을 운반할 것이다. 부녀자들은 식량을 운반하거나 빵을 만들 것이다"[알베르 소부울, 《프랑스 대혁명사 상》, 최갑수 옮김 (두레, 1984), 323쪽]. 또한 프랑스 시민 혁명 정부는 남녀노소 모두 전쟁에 동참해야 하며, 구체적으로 어떤 역할을 해야 하는지를 제시했다. "이제부터 적군이 공화국의 영토에서 쫓겨 나갈 때까지 모든 프랑스인은 군대 복무를 위해 영구 징집된다. 젊은이는 전쟁터로 갈 것이다. 기혼 남자들은 무기를 제조하고 식량을 운반할 것이다. 부녀자들은 막사와 제복을 만들고 병원에서 간호를 맡을 것이며, 아이들은 헌 리넨 천으로 외과용 가제를 만들고, 노인들은 광장에 모여 장병들의 사기를 고무하고 군주에 대한 증오심과 공화국의 통합성을 가르칠 것이다"(같은 책, 323).

프랑스인, 즉 프랑스라는 국가를 구성하는 모든 사람이 유럽 연합군의 침략에 맞서기 위해 나섰다. 신분을 초월하여 구성된 프랑스 공화국 군대는 애국심으로 고취돼 있었다. 프랑스 공화국 군대는 '승리 아니면 죽음'을 외치며 전쟁에 임했다. 프랑스 군대는 〈라 마르세예즈La Marseillaise〉를 부르며 전진했고, 영국-네덜란드 연합군, 오스트리아군, 에스파냐군을 몰아내고 전쟁에서 승리했다. 시민으로 구성된 프랑스 공화국 군대가 혁명의 고귀한 이념인 '자유, 평등, 박애'를 지킬 수 있게 된 것이다.

　조국을 지키는 대열에 동참한 프랑스 시민들은 천부 인권, 즉 인간이 태어나면서부터 가지고 있는 권리를 지키기 위해 자신들에게 부과된 전쟁의 의무를 기꺼이 수행했다. 이러한 적극적인 '권리 지키기'를 통해 프랑스 시민들은 말 그대로의 시민으로 다시 태어났다.

우리가 알고 있는 프랑스 국가 〈라 마르세예즈〉는 프랑스 혁명을 진압하려는 유럽 연합군의 침략에 대항하는 동안 만들어졌다. 이런 까닭에 〈라 마르세예즈〉의 가사에는 외적의 침입으로부터 조국을 지키려는 프랑스 시민들의 투철한 정신이 잘 나타나 있다.

나아가자, 조국의 아들딸들이여,
영광의 날은 왔도다!
폭군에 결연히 맞서서
피 묻은 전쟁의 깃발을 내려라,
피 묻은 전쟁의 깃발을 내려라!
우리 강토에 울려 퍼지는
끔찍한 적군의 함성을 들어라.
적은 우리의 아내와 사랑하는 이의
목을 조르려 다가오고 있도다!
무기를 잡아라, 시민 동지들이여!
그대 부대의 앞장을 서라!
진격하자, 진격하자!
우리 조국의 목마른 밭이랑에
적들의 더러운 피가 넘쳐흐르도록!

식민 모국 영국과의 전쟁을 통해 고전적인 시민 혁명을 겪은 미국의 국가 〈성조기여 영원하라〉의 가사에도 시민들의 저항 정신이 잘 반영되어 있다.

"……
그 누구의 광활한 띠이며
빛나는 별들이기에
우리를 감싸는 성조기는
치열한 전투 중 우리가
사수한 성벽 위에서도
의연히 나부끼고 있었다.
붉게 타오르며 작렬하는 포화와
치열한 폭탄 속에서도
우리의 성조기가 우뚝 서 있음을
우리는 보았다.
오! 자유의 땅,
용감한 백성의 땅 위에
성조기는 지금도
휘날리고 있다."

나는 언제 정치적 시민이 되었을까

시민 혁명에 나선 사람들처럼 사회 주체로서의 자신의 권리를 의식하는 것으로 시민이 되는 것일까? 그렇지 않다. 시민의 권리, 곧 시민권을 획득해야만 명실공히 시민이라 할 수 있다. 그렇다면 예컨대 프랑스 혁명 후 사람들은 곧장 시민권을 획득했을까? 그렇지 않다. 시민권의 핵심은 참정권에 있는데, 시민들이 이 선거권을 획득하기까지는 이후로도 아주 오랜 시간이 걸렸다. 사실 전 세계적으로 대다수 시민들이 보편적인 의미의 참정권을 획득한 지 100년이 채 되지 않았다.

다시 프랑스를 예로 들어 설명해보자. 1791년에 제정된 법에 따르면 최초의 시민은 세 종류로 나뉘어 있었다. 소유권을 행사하지 못한다는 이유로 선거권을 행사할 수 없는 '수동적 시민', 연간 3일의 노동량에 해당하는 액수의 직접세를 납부하는 계층으로서 선거권을 갖고 있는 '적극적 시민', 그리고 10일의 노동량에 해당하는 액수의 직접세를 납부하는 계층으로서 피선거권을 갖고 있는 '적극적 시민'이다. 또한 당시 입법회의 소속 의원들은 일정한 양의 토지 재산을 소유해야 했으며, 은화 1마르크에 해당하는 직접세를 납부해야 했다. 그래서 신분에 의한 특권 계급제가 화폐에 의한 특권 계급제로 바뀌었다는 냉소가 떠돌았다.

이와 같은 선거권과 피선거권을 둘러싼 차별로 시민들의 불만이 폭발하자 1795년에 선거와 관련된 새로운 법이 제정되었다. 그러나 이때에도 많은 제한이 있었다. 예컨대 일정한 곳에 1년 이상 거주하고 적당한 수준의 세금을 내는 만 21세 이상의 남성만이 '적극적 시민', 즉 선거권을 지닌 시민이 될 수 있었다. 그 후 1848년에 이르러서야 21세의 모든 남자가 선거권을 갖게 되었다.

권력은 총구가 아닌 투표에서 나온다

선거권을 획득한 시민은 무엇을 할 수 있을까? 시에예스의 말대로 시민은 전능이라, 무엇이든 할 수 있다. 시민은 국가와 시민의 이익과 관련된 모든 일을 선거를 통해 결정할 수 있는 힘을 가지고 있다. 시민은 선거를 통해 자신들의 대표자(국회의원)를 선출하고, 그 대표자들을 통

가수 유승준이 미국 시민권을 획득해 논란이 일었는데, 시민권과 영주권은 어떻게 다른가?
영주권은 단지 해당 국가에 거주할 수 있는 권리이고, 시민권은 정치에 참여할 수 있는 권리까지 포함하는 것이다. 즉 시민권을 갖고 있다는 것은 해당 국가에 거주할 수 있을 뿐만 아니라 시민으로서의 정치적 권리도 행사할 수 있다는 뜻이다. 또한 시민권을 갖고 있는 사람은 해당 국가에서 범죄를 저질러도 추방되지 않지만, 영주권을 가진 사람은 추방될 수 있다.

해 국가와 시민의 이익과 관련된 모든 일을 결정할 수 있다. 이
런 점에서 근대의 권력은 시민의 투표에서 나온다. 근대 이전
의 권력은 혈통에서 나와 총과 칼에 의해 유지됐고, 근대의 부
도덕하고 억압적인 권력은 총과 칼에 의해 창출되고 유지됐으
며, 근대의 정당한 권력은 시민의 투표로 선출되어 시민의 뜻
을 반영하며 국정을 운영한다. 시민이 국가의 주인이며 국가의
주체인 것은 바로 이 때문이다.

3. 그들만의 공화국에 저항의 깃발을 들다
─시민 범주의 확장

인권선언문은 허구다

하나의 장면을 생각해보자. 때는 시민 혁명 과정 중 인권선언문이 발표된 다음 날 아침, 장소는 식탁, 주인공은 시민 혁명에 적극적으로 참여한 남성 시민과 여성 시민이다. 두 사람은 아침 식사를 마치고 차를 마시면서 신문에 나온 인권선언문 전문을 읽고 있다. 남성 시민의 얼굴에 연방 웃음이 떠오른다. 대단히 만족스러운 표정이다. 그는 두 손을 마주쳐 비비기도 하고, 가

인권선언문은 허구다!

여자가 '종' 이냐?

인간 평등 단, 남자만

법게 박수를 치기도 한다.

반면 여성 시민의 얼굴은 벌겋게 상기되어 있다. 그녀의 두 눈은 곧 눈물이라도 쏟을 듯이 새빨갛다. 그녀는 복받치는 설움을 억누르며 다시 한번 투쟁의 의지를 불태운다. 여성은 '인권선언문은 허구다!'라고 외치고, 대신 '여성과 여성 시민의 권리선언'을 부르짖는다.

여성의 분노

남성과 여성이 구시대의 질서를 해체하고 구시대의 지배 세력을 몰아낸 혁명을 같이 수행했으면서도 혁명의 산물인 인권선언문에 대해서는 왜 이렇게 다른 입장을 보이는 것일까? 그것은 혁명에 대한 여성의 기여도에 비해 인권선언문에 나타난 여성을 위한 대가가 너무 초라했기 때문이다.

여성들은 프랑스 혁명에서 선동자의 역할을 톡톡히 했다. 여성들은 파리에서 봉기가 일어날 때마다 앞장을 섰다. 1789년 10월 5일에 베르사유 궁으로 가장 먼저 행진한 것도 여성이었고, 인권선언문을 가능하게 한 것도 여성이었고, 1793년 5월 봉기에서 선두에 선 것도 여성이었다. 여성들은 남성들을 선동해 시위에 참여시켰다. 그리고 참여하지 않는 남성들을 '비겁한 놈'이라고 몰아세웠다. 남성은 여성들의 뒤를 따라 총과 칼을 들고 혁명에 동참했다. 여성은 군중들을 혁명 대중으로 변

1792년 4월 13일, 민주주의 운동의 지도자였던 상테르Santerre는 파리의 여성들에게 더 이상 정치 활동을 하지 말라고 모욕에 가까운 말을 던지기도 했다. "변두리 지역에 사는 남성들은 일터에서 돌아올 즈음에는 집 안이 말끔히 치워져 있기를 바라지, 마누라가 집회장에서 돌아오는 모습을 보기 좋아할 사람은 없을 것이다. 게다가 평소에는 고분고분하던 여편네들도 집회장에만 한번 갔다 오면 영 딴판이 돼서 오는 경우가 많으니 말이다. 그러니 일주일에 세 번씩이나 열리는 그런 집회를 남자들이 고운 눈으로 볼 리가 있겠는가?" [조르주 뒤비·미셸 페로 책임편집, 《여성의 역사 4》, 권기돈·정나원 옮김(새물결, 1998), 77쪽].

화시켰다.

　여성은 혁명의 접착제와 같은 역할을 했다. 그들은 혁명 투사, 대중, 가족과 공동체를 연결해주었다. 또한 직접 창과 칼을 들고 싸우기도 했고, 반혁명군을 향해 대포를 쏘기도 했다. 남성이 혁명이라는 수레를 힘겹게 끌고 나가면 여성은 안간힘을 다해 그 뒤를 밀어주었다.

　여성들은 혁명을 통해 자신들의 정체성을 깨달았다. 그들은 모든 인간이 '자유, 재산권, 안전 및 억압에 대한 저항'의 권리를 갖고 있다는 것을 자각했고 자각시켰다. 그러나 여성은 인권선언문이 말하는 '모든 인간'의 범주에 포함되지 못했다. 남성 혁명가들은 여성 정치 클럽들을 해산시켜버렸으며, 여성의 정치적 권리를 박탈했다. 여성들은 '모든 인간'이 단지 재산을 가진 남성 시민만을 의미한다는 것을 깨달았다. 모든 인간은 태어날 때부터 존엄한 존재이고, 그렇기 때문에 타인으로부터 인격을 침해당하거나 권리를 침해당해서는 안 된다는 인권선언문의 정신은 여성에게는 허구였던 것이다.

　그러자 여성들이 시민으로서의 권리를 주장하고 나섰다. 구즈Olympe de Gouges라는 여성 혁명가는 '여성이 단두대에 오를 권리가 있다면 연단에도 오를 권리가 있다'는 내용을 담은 〈여성과 여성 시민의 권리 선언〉(1791)을 외치고 단두대의 이슬로 사라졌다. 그 밖에도 프랑스 혁명에 참여했던 많은 여성이 여성의 권리를 주장하다 단두대에서 처형당했다.

여성과 여성 시민의 권리 선언

국민의회는 어머니들, 딸들, 자매들 그리고 인민 대표로 구성되어야 한다. 여성의 권리에 대한 무지와 망각 또는 경멸이 공적인 불행과 정부의 부패의 주요 원인이라고 믿는 우리 여성들은 여성의 자연적이고 양도 불가하며 신성한 권리를 엄숙하게 선언할 것을 결의했다. 사회의 모든 구성원에게 끊임없이 노정될 이 선언은 사회 구성원에게 의무와 권리가 있음을 지속적으로 상기시키며, 여성의 신뢰할 만한 행동과 남성의 신뢰할 만한 행동은 어떤 경우에도 동등하며……따라서 출산의 고통에서 인정되듯이 용기가 우수할 뿐만 아니라 미에서도 우수한 여성은 최고의 존재 앞에서 그리고 그 가호에 힘입어 여성과 여성 시민의 권리를 다음과 같이 선언하는 바이다.

제1조 여성은 자유롭게 태어나며, 그 권리에 있어서 남성과 동등하게 삶을 영위한다. 사회적 차별은 공공의 유용성에 근거할 때만 마련될 수 있을 뿐이다.

제2조 모든 정치적 결사의 목적은 여성과 남성의 천부적이며 양도 불가능한 권리의 보존이다. 이들 권리란 자유, 소유, 안전, 특히 압제에의 저항이다.

제3조 모든 주권의 원리는 근본적으로 남성과 여성의 통일체인 국민에게 있다. 어떤 단체나 개인을 막론하고 국민으로부터 직접

인민은 국가와 사회를 구성하는 피지배자이자 국가와 사회의 주인을 가리킨다. 특히 링컨Abraham Lincoln의 유명한 연설 "인민에 의한, 인민을 위한, 인민의 정치"는 인민을 국가와 사회의 주인으로 보는 시각을 잘 보여준다.

유래하지 않는 어떠한 권한도 행사할 수 없다.

제4조 자유와 정의는 타자에 속한 모든 것의 회복이다. 따라서 여성의 자연권 행사의 유일한 제한은 항구적인 남성 폭정이므로, 이러한 제한은 자연과 이성의 법에 의해 개혁되어야 한다.

……

제6조 법은 일반의지의 표현이다. 따라서 모든 여성 시민과 남성 시민은 개인적으로 또는 대표자를 통해 법의 제정에 기여해야만 한다. 법 앞에서 평등한 남성 시민과 여성 시민은 자신들의 능력에 따라 그리고 자신들의 미덕과 재능 이외의 어떤 차별 없이 모든 영예, 지위, 공적 지위에 있어서 평등해야만 한다.

……

제10조 누구도 자신의 기본적 의견에 대해 침묵을 강요당해서는 안 된다. 여성은 단두대에 오를 권리가 있다. 여성 자신의 의견 표현이 법적으로 확립된 공적 질서를 교란하지 않는 한, 여성은 당연히 평등하게 연단에 오를 권리를 갖고 있다.

……

제17조 재산은 결혼하고 있을 때나 혼자 살고 있을 때나 남성과 여성 둘 다에 속한다. 남성과 여성 모두에게 재산은 신성 불가침의 권리이기 때문이다. 합법적으로 결정된 공적 요구와 정당한 사전 보상이 이루어지지 않는 한 그 권리는 자연의 진정한 전통이기 때문에 누구도 그 권리를 박탈당해서는 안 된다.

……

여성을 배제한 남성 중심적인 정치에 대한 울스턴크래프트Mary Wollstonecraft의 통렬한 지적은 되새길 만하다. "여성을 자유롭게 하라. 그러면 남성이 그랬던 것처럼, 여성도 곧 현명해지고 덕이 높아질 것이다. 왜냐하면 발전은 당연히 상호 보완적이기 때문이다. 여성을 자유롭게 하지 않는다면, 인류의 한쪽 절반이 그들의 억압자에게 복종하고, 다시 보복하는 좋지 않은 일이 생긴다. 짓밟히고 있던 벌레들이 남성의 덕성을 좀먹어갈 것이다"[캐럴 페이트먼 외, 《페미니즘 정치사상사》, 이남석 옮김(이후, 2004), 199쪽].

사회적 약자들의 참여

시민 혁명은 남성의 힘만으로 완성된 것이 아니다. 프랑스 혁명의 예에서 보았듯이 여성도 시민 혁명의 주역이었다. 그러나 남성과 여성 외에 또 다른 주역들도 있었다. 그들은 보호와 배려를 받아야 할 존재인 어린이와 노인들이었다.

들라크루아Eugène Delacroix의 그림 〈민중을 이끄는 자유의 여신〉에서 양손에 권총을 들고 자유의 여신을 따라 프랑스 혁명의 최전선에서 활약하고 있는 어린이를 보라. 프랑스 혁명 때 어린이들의 활동은 보편적인 것이었다. 1930년과 1932년의 프랑스 혁명기를 묘사하고 있는 위고Victor Hugo의 소설 《레 미제라블Les Misérables》에는 이러한 풍경이 잘 나타나 있다. 혁명군은 정부군에게 포위된 채 저항하고 있었다. 그들은 총알을 최대한 아끼며 대항했지만 그래도 총알은 부족하기만 했다. 반면에 정부군의 총알은 계속 빗발치고 있었다. 더 이상 저항하는 것이 불가능했다. 그러나 파리 뒷골목의 어린 소년에게는 정부군의 총알 따위는 아무것도 아니었다. 아이는 낮게 엎드렸다. 그리고 파리 뒷골목에서 불리는 노래를 흥얼거리면서 총알을 주워 모았다. 노인도 자신의 방식으로 혁명 활동에 참여하기는 마찬가지였다.

역사의 한 획을 긋는, 한 시대에서 다른 시대로 넘어가는 과정에는, 봉건 시대에서 근대로 넘어오는 과정에는 사회의 모든 구성원들의 활약이 필연적이다. 미국에서는 흑인들이 남북 전

빵 한 조각을 훔친 죄로 19년 동안 옥살이를 한 장 발장의 이야기로 유명한 《레 미제라블》은 프랑스 사회의 단면을 들여다보게 해주는 현미경과도 같은 작품이다. 위고는 프랑스 혁명기를 배경으로 한 이 작품에서 사회의 비참한 주인공들의 모습을 통해 인간이 인간에게 저지르는 악과 그 악에 대항하는 양심의 각성과 성숙을 그렸으며, 혁명과 반동, 행복과 비참, 갈등과 화해 등의 다양한 주제를 기독교적 휴머니즘 아래 녹여냈다.

쟁에 직접 참여해 시민권을 획득했다. 노예에 지나지 않았던 흑인들이 미국 북부인들의 숭고한 인도주의 정신에 의해 거저 시민권을 얻었다고 생각한다면 커다란 오산이다. 미국의 흑인들이 시민권을 얻을 수 있었던 것은 그들이 직접 남북 전쟁에 참여해 희생을 치름으로써 전쟁의 흐름을 바꾸고 나아가 미국 역사의 흐름을 바꾸는 영향력을 발휘했기 때문이다.

남북 전쟁 중이던 1862년 말, 북부군이 계속 승리를 거두는 형세였으나 남부군에게도 희망이 있었다. 북부에서 전쟁에 대한 염증이 확산되어 지원병이 현격히 줄어들고 있었기 때문이다. 북부군은 대안으로, 장려금을 주는 방법으로 병사를 모집했다. 당연히 군대의 질은 떨어졌고, '빈민의 피로써 강행하는 부자를 위한 전쟁', '돈 있는 놈들을 때려눕혀라'라고 외치며 징병을 거부하는 움직임이 일어났다. 그들은 흑인 노예 해방을 위한 전쟁을 반대하며 흑인 노예들을 살해하기도 했다.

즈윅Edward Zwick 이 감독한 영화 〈영광의 깃발〉은 54연대의 실화를 바탕으로 만든 작품이다. 인종 차별을 뚫고 싸우는 흑인들의 모습이 진한 감동을 선사한다.

이러던 차에 흑인 병사들로 구성된 54연대가 나섰다. 그들은 보급품을 받지 못해 군화도 신지 못한 채 구슬땀을 흘리며 훈련을 받았다. 그리고 난공불락으로 알려져 있던 와그너 요새를 공격했다. 노예 해방과 직결되는 전쟁이었으므로 흑인들은 어느 누구보다도 용감했다. 최초의 전투는 참담했다. 600여 명의 병사 중 281명이 전사자, 행방불명자, 포로, 중상자였다. 결국 요새 공략에는 성공하지 못했지만, 흑인들의 용맹성이 알려지면서 의회가 흑인 부대의 결성을 정식으로 인정하게 되었다. 전쟁 말기까지 흑인 17만 5,000여 명이 군대에 지원했다. 이는 전체 북부군의 약 10%에 해당하는 수치였고, 이러한 상황은 북부군의 승리를 확고히 하는 결과를 가져왔다.

부르주아 남성 시민공화국에 대한 저항

시민 혁명의 성공은 어느 한 계층, 또는 남성만의 힘으로 이루어지는 것이 아니다. 국가와 사회의 모든 구성원들의 노력이 있을 때 가능하다. 그렇기에 여성도, 어린아이도, 노인도, 노예로 살아왔던 흑인도 시민 혁명에 적극 참여했을 때 비로소 시민 혁명이 완성될 수 있는 것이다. 그러나 그렇다고 해서 시민 혁명에 참가한 구성원들이 시민 혁명이 끝나자마자 모두 정치적 시민의 권리를 획득한 것은 아니었다.

프랑스로 돌아가 다시 여성의 시민권 획득 과정을 보자. 프랑스 여성들은 1789년의 프랑스 혁명에서 줄곧 주도적인 역할을 했음에도, 혁명이 끝난 후 정치적 권리인 선거권을 얻지 못했다. 1848년의 법 개정 때도 마찬가지였다. 단지 남성 노동자들만이 정치적 권리를 획득했을 뿐이다. 프랑스에서 여성에게 선거권이 주어진 것은 1848년 이후 무려 100년쯤 지난 1946년의 일이었다.

여성의 선거권과 관련된 상황은 다른 국가들도 마찬가지였다. 대부분의 국가에서 여성들은 남성들에 비해 선거권을 획득하는 데 상당히 오랜 시간이 걸렸다. 표로 그려보면 다음과 같다.

국가별 남녀의 선거권 획득 시기

남성		연도		여성
프랑스	←	1848		
독일 · 미국	←	1870		
이탈리아	←	1912		
영국	←	1918		
		1920	→	독일 · 미국
일본	←	1925		
		1928	→	영국
스페인	←	1931	→	스페인
		1945	→	일본 · 이탈리아
		1946	→	프랑스
대한민국	←	1948	→	대한민국

우리 모두가 시민이다

사회를 구성하고 있는 모든 사람들은 시민으로서의 권리를 얻기 위해서 싸워왔다. 더욱이 사회적 약자와 소수자들은 일반적인 시민권이 확립된 뒤에도 완전한 시민의 권리를 얻기 위해 국가와 기득권층 시민들의 시민 의식과 싸워왔다. 대표적인 예가 1960년대에 미국에서 일어난 흑인들의 민권운동이다.

그렇기 때문에 가난하다고 해서, 여성이라고 해서, 어리다고 해서, 나이가 너무 많다고 해서, 피부 색깔이 다르다고 해서, 믿는 종교가 다르다고 해서, 몸이 불편하다고 해서, 성적 선호도가 다르다고 해서 정치적 의미의 시민이 못 될 이유는 없다. 어느 누구도 그런 이유를 들어 시민이 되는 것을 막을 수 없다. 우리 할아버지의 할아버지, 그 할아버지의 할아버지, 우리 할머니의 할머니, 그 할머니의 할머니들이 우리에게 시민의 지위를 물려주기 위해서 싸워왔듯이, 우리는 우리의 자손의 자손에게 시민으로서의 정치적 권리를 물려주어야 할 의무가 있다. 국가와 사회를 구성하는 우리 모두가 시민이다. 과거에도 그랬고, 앞으로도 그래야 한다.

미국 흑인 민권운동의 최종 결과물은 1964년에 제정된 '민권법'이다. 그 전에도 흑인은 수정헌법 15조에 따라 투표할 권리를 갖고 있었지만, 현실적으로는 제한을 받았다. 또한 흑인종 차별법에 의해 전차, 열차, 호텔, 병원, 식당 같은 공공장소에서도 차별을 받았다. 미국의 흑인들은 킹Martin Luther King 목사와 맬컴 엑스Malcolm X의 지도 아래 강력하게 투쟁하고 저항했다. 그 결과 공공시설과 공공장소에서의 흑백 차별, 고용에서의 흑백 차별, 선거에서의 흑백 차별을 금지하는 민권법을 획득할 수 있었다.

4. 막다른, 그러나 희망의 몸짓으로
─대한민국의 시민 형성 과정

대한민국 헌법에는 시민이 없다

지금까지 경제적 의미와 정치적 의미의 시민에 대해서, 그리고 현대적인 의미에서 시민의 범주가 어디까지 확장되어왔는가에 대해서 알아보았다. 그렇다면 우리 국가와 사회에는 우리가 앞에서 보고 들었던 이런 시민이 형성되어 있고, 존재하고 있을까? 시민으로서 자각을 하고, 시민이 되기 위해서 총과 칼을 들고 구체제와 싸울 뿐만 아니라 외적과 싸우는 그러한 시민이 존재하고 있을까? 나아가 그런 시민이 미국의 '독립선언서'와 프랑스의 '인권선언문'에 규정되어 있다면, 우리의 경우에는 어디에 어떻게 규정되어 있을까?

그런 시민을 가장 잘 보여주어야 할 대한민국 헌법 어디에도 시민은 없고, 수동적이고 집단성을 띠는 국민만이 있을 뿐이다. 예컨대 헌법 1조 2항은 "대한민국의 주권은 국민에게 있고, 모든 권력은 국민으로부터 나온다"고 되어 있고 제2장의 제목은 "국민의 권리와 의무"라고 되어 있는 등 대한민국 헌법은 처음부터 끝까지 '시민'이 아니라 시민의 집합 명사인 '국민'으로 구성되어 있다. 이것만 본다면 대한민국 시민은 개별 시민이 아닌 집단화된 국민으로서 주권을 가지고 있고, 국민으로서 권리를 누리고 의무를 이행할 수 있을 뿐이다. 능동적이고 주체적이며 억압에 저항하는 시민은 사라지고 집단화된 국민이 있을 뿐이다. 어디 그뿐인가? 교육에서도 자유를 위해 싸운 고귀한 시민은 없고 국민만이 있을 뿐이다. 우리는 국가와 사회에 대해 적극적으로 문제를 제기하고, 문제를 해결하기 위해 능동적으로 참여하는 시민 교육을 받지않았다.

그러나 우리에게도 시민 혁명 정신이 있다

대한민국 헌법에 '시민'이라는 말이 나오지 않는다고 해서 우리 역사에 적극적이고 능동적인 시민이 없었다고 속단하며 비관할 필요는 없다. 우리에게도 시민 혁명 정신이 분명 존재했고, 그것이 분명 헌법에 드러나 있기 때문이다. 헌법 전문을 같이 읽어보자.

 읽을거리

　대한민국 헌법 전문에는 우리나라의 시민이 어떤 과정을 거쳐 탄생했는지, 시민은 어떤 정신을 가져야 하는지가 설명돼 있다. 다음이 헌법 전문이다.

　유구한 역사와 전통에 빛나는 우리 대한민국은 3·1운동으로 건립된 대한민국 임시 정부의 법통과 불의에 항거한 4·19민주 이념을 계승하고, 조국의 민주 개혁과 평화적 통일의 사명에 입각하여 정의, 인도와 동포애로써 민족의 단결을 공고히 하고, 모든 사회적 폐습과 불의를 타파하며, 자율과 조화를 바탕으로 자유민주적 기본 질서를 더욱 확고히 하여 정치, 경제, 사회, 문화의 모든 영역에 있어서 각인의 기회를 균등히 하고, 능력을 최고도로 발휘하게 하며, 자유와 권리에 따르는 책임과 의무를 완수하게 하여, 안으로는 국민 생활의 균등한 향상을 기하고 밖으로는 항구적인 세계 평화와 인류 공영에 이바지함으로써 우리들과 우리들의 자손의 안전과 자유와 행복을 영원히 확보할 것을 다짐하면서 1948년 7월 12일에 제정되고 8차에 걸쳐 개정된 헌법을 이제 국회의 의결을 거쳐 국민투표에 의하여 개정한다.

1987년 10월 29일.

　헌법 전문이 명시한 바에 따르면, 우리가 살고 있는 대한민국은 일본 제국주의의 침략에 대한 저항과 민주화를 위한 투쟁의 산물이다. "오등은 자에 아 조선의 독립국임과 조선인의 자주민임을 선언하노라", "최후의 일인까지 최후의 일각까지 민족의 정정 의사를 쾌히 발표하라"고 2·8독립선언문이 밝히고 있는 바와 같이 우리의 선조들은 자주민, 즉 독립한 국가의 시민이 되기 위해 일본 제국주의에 맞서 싸웠다.

또한 우리나라에도 미국 독립 전쟁과 프랑스 혁명 같은 고전적인 시민 혁명이 있었다. 헌법 정신 전문에 언급돼 있는 4·19혁명이 대표적인 예다. 4·19혁명은 1960년 3월 15일의 대통령 선거에서 자유당 이승만 정권이 경찰과 공무원을 동원해 조직적인 부정 선거를 벌인 데서 비롯되었다. 마산 시민과 학생들이 맨 먼저 들고 일어섰고, 뒤이어 서울, 부산, 광주, 인천, 목포, 청주 등 전국에서 시위가 발생했다. 이에 놀란 이승만 대통령은 계엄군을 진주시켰으며, 경찰의 발포로 186명이 사

4·19혁명 당시 거리로 나선 중학생 시위대의 모습(사진 제공 : 4·19혁명 기념 도서관).

망하고 6,000여 명이 부상을 당했다.

　이 혁명에는 남성과 대학생만 주도적으로 참여한 것이 아니었다. 노동자, 농민, 여학생, 중학생, 그리고 아들딸의 죽음을 목도한 어머니들까지 총·칼의 공포와 죽음의 공포를 무릅쓰고 전면에 나섰다. 항상 보수적일 것만 같은 노인들도 예외가 아니었다. 이처럼 4·19혁명 당시 대한민국이라는 나라를 구성하고 있는 온갖 사람들이 국가의 정치적 불의를 용인하지 않고 맞서 싸웠다. 그들은 자유, 민주, 정의라는 숭고한 이념을 지키기 위해 자신들이 해야 할 일을 정확하게 알고 있었다. 목숨이 위태로울지라도 시민으로서의 본분을 망각하지 않았던 것이다.

　4·19혁명 이후에는 1980년에 5·18광주민주화운동이 있었다. 이것은 박정희 독재 정권의 몰락에 뒤이어 수립된 전두환 군부 정권에 항거하기 위해 일어났다. 이 항쟁에서 진압군에

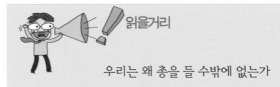

우리나라의 광주와 비슷한 미국의 도시는 어디일까? 미국 독립운동의 발상지라고 할 수 있는 보스턴이다. 보스턴은 보스턴 학살 사건(1770)으로 유명하다. 이 사건은 미국 시민들이 영국군에게 눈을 던지자 영국군이 총으로 맞서 4명의 미국 시민이 학살을 당한 일을 말한다. 이 사건보다 더 유명한 사건은 보스턴 항구에서 미국의 식민지 반군이 영국의 값비싼 차(茶)가 실려 있던 배를 파괴한 보스턴 차 사건(1774)이다. 그리고 이보다 더 유명한 사건은 보스턴 서쪽 교외에서 벌어졌던 렉싱턴 전투(1775)다. 이 전투에서 미국 민병대의 최초 희생자가 생겼지만, 영국의 정규군은 미국 민병대에게 크게 패배했다. 이 전투는 미국 독립전쟁의 도화선이 되었다.

의해 수많은 시민이 목숨을 잃고 부상을 당했다.

5·18광주민주화운동은 진압군에 맞서 자기 자신과 가족과 고장을 지키기 위해 자발적으로 시민군이 조직되었던 것으로도 유명하다. 이는 프랑스의 시민으로 구성된 공화국 군대가 외적의 침입에 저항해 싸우면서 시민의 권리를 보호하고, 미국의 시민들이 영국 군대와 전투를 치르면서 시민의 권리를 보호했던 것과 유사하다. 5·18광주민주화운동 당시 시민들은 시민군을 구성하고, 정부군의 살인적인 탄압에 맞서 직접 무장을 하고 총을 들고 저항했다. 다음과 같은 증언은 당시 진압군의 만행과 시민군의 저항을 잘 보여준다.

읽을거리

우리는 왜 총을 들 수밖에 없는가

"……아! 설마! 설마! 설마 했던 일들이 벌어졌으니 우리의 부모 형제들이 무참히 대검에 찔리고 차에 깔리고 연약한 아녀자들의 젖가슴은 잘리고 차마 입으로 말할 수 없는 무자비한 만행이 저질러졌습니다……너무나 경악스러운 또 하나의 사실은 20일 밤부터 계엄 당국은 발포 명령을 내려 무차별 발포를 시작했다는 것입니다. 이 고장을 지키고자 이 자리에 모이신 민주 시민 여러분! 그런 상황에서 우리가 할 수 있는 일은 무엇이겠습니까? 우리가 어떻게 해야 되겠습니까? 묻고 싶습니다. 우리는 더 이상 당할 수만은 없습니다. 그래서 이 고장을 지키고 우리 부모 형제들을 지키고자 손에 손에 총을 들었던 것입니다. 그런데도 정부와 언론은 계속 불순배, 폭도로 몰고 있습니다. 여러분!……이 고장을 지키겠다고 나선 우리 시민군이 폭돕니까? 시민 여러분! 우리 시민군은 온갖 방해에도 불구하고 여러분의 안전을 끝까지 지킬 것입니다. 또한 협상이 올바르게 진행되면 우리는 즉각 총을 놓겠습니다……."

—5 · 18광주의거청년동지회 엮음,《5 · 18광주민중항쟁 증언록 I》(도서출판 광주, 1987), 120~121

3 · 1운동, 4 · 19혁명, 5 · 18광주민주화운동만이 우리의 시민 혁명 정신이 발현된 예의 전부는 아니다. 권력의 수탈과 억압에 농민들이 주체적으로 나서 저항했던 19세기 말의 동학농민전쟁도 있었고, 전두환 군부 정권에 반대해 대대적인 민주화 시위를 벌인 1987년의 6월 항쟁도 있었다. 또한 국가와 사회를 바꾸기 위한, 작지만 중요한 시민 개개인들의 투쟁이 있었다. 그것은 국가 질서와 부도덕한 정치에 대한 저항이 아니라 생존의 권리를 지키기 위한 싸움이었다. 생존권을 지키기 위해서 수많은 노동자들이 죽음을 불사하고 투쟁해왔다. 대표적인 예가 전태일이다. 그는 온 몸에 불을 붙이고 죽어가면서 "근로기준법을 지켜라!", "우리는 기계가 아니다! 일요일은 쉬게 하라!", "노동자들을 혹사하지 마라!"고 외쳤고, 숨을 거두는 마

가난과 궁핍 속에서 자란 전태일. 평화시장 피복 공장의 재단사로 일하던 그는 허리를 펼 수도 없는 작업장, 14시간 노동과 그 대가로 받는 커피한 잔 값도 안 되는 돈, 그리고 이런 환경에서 속절없이 쓰러지는 어린 여직공들을 보며 가슴 아파했다. 1973년 11월 13일, 계획했던 시위가 강제 해산당하자 그는 자신의 몸에 불을 붙였다. 죽음으로 현실에 저항한 그는 한국 노동 운동과 민중운동, 민주화 운동의 싹을 심은 주인공으로 영원히 기억될 것이다.

지막 순간에도 "내 죽음을 헛되이 하지 마라……!"라고 절규했다. 이렇듯 수많은 죽음과 투쟁을 거치면서 노동자와 농민들은 자신들의 권리를 쟁취하는 동시에 시민으로서의 권리를 확보할 수 있었다.

국민학교에서 초등학교로

우리는 국민인가 시민인가? 당연히 국가의 국민인 동시에 국가를 구성하는 개별 주체로서의 시민이다. 그러나 과거에는 어떠했는가? 우리는 개별 시민으로서의 의미를 상실한 채 국가의 국민으로서만 존재했다. 국민이란 무엇인가? 국민은 전체주의적 성격이 강했던 히틀러의 파시즘 체제와 일본 제국주의 시대의 산물이다. 국민은 국가가 있을 때에만 존재하는, 국가의 구성원이다. 국가가 존재하지 않는 국민은 존재할 수 없으므로 국가를 위해 충성심과 애국심을 먼저 가져야 하는 존재다. 국민은 민족적이며 국수주의적이고, 획일적이며 배타적이다.

우리는 국민을 고취시키는 교육을 통해 '가벼운 권리'와 '무거운 의무'라는 불균형한 시각을 받아들이게 되었다. 우리는 어려서부터 충분한 권리를 누리며 의무를 다하는 시민이 되기보다는 의무를 중시하는 국민이 되도록 교육을 받았다. 우리는 자신을 적극적으로 표현하기보다는 공익과 질서를 앞세우는 국민이 되도록 교육을 받았다. 때에 따라서는 국가의 이익 앞에서 개인의 권리가 침해될 수도 있다고 교육받았고, 그것이 곧 국가에 충성하는 것이라고 배웠다. 결국 우리는 국가에 충성하는 국민으로, 몸담고 있는 회사에서 근면·성실하게 일하는 임금 노동자로, 반공 정신에 투철한 애국자로 자라나도록 교육받았다. 우리는 국민이라는 거대한 생물체의 한 세포로서 살아가도록 규정당해왔다. 이러한 교육 정신의 결정체는 30대 이상이라면 외우도록 강요당했던 기억을 갖고 있을 바로 그 〈국민교육헌장〉이다.

초등학교 시절, 교실 마루에 왁스를 바르고 윤을 내면서 외우곤 했던 〈국민교육헌장〉. 이 헌장은 국민보다 국가가 우위에 있음을 노골적으로 드러냄으로써 박정희 정권의 국가주의적 성격을 잘 보여준다. 심지어 천황의 절대권력을 정당화하고 천황에 대한 무조건적인 복종과 충성을 강요하는 일제의 '교육칙어(敎育勅語)'를 그대로 본떴다는 비판도 있었다.

읽을거리

국민교육헌장

우리는 민족 중흥의 역사적 사명을 띠고 이 땅에 태어났다. 조상의 빛난 얼을 오늘에 되살려, 안으로 자주 독립의 자세를 확립하고, 밖으로 인류 공영에 이바지할 때다. 이에, 우리의 나아갈 바를 밝혀 교육의 지표로 삼는다.

성실한 마음과 튼튼한 몸으로, 학문과 기술을 배우고 익히며, 타고난 저마다의 소질을 개발하고, 우리의 처지를 약진의 발판으로 삼아, 창조의 힘과 개척의 정신을 기른다. 공익과 질서를 앞세우며 능률과 실질을 숭상하고, 경애와 신의에 뿌리박은 상부상조의 전통을 이어받아, 명랑하고 따뜻한 협동 정신을 북돋운다. 우리의 창의와 협력을 바탕으로 나라가 발전하며, 나라의 융성이 나의 발전의 근본임을 깨달아, 자유와 권리에 따르는 책임과 의무를 다하며, 스스로 국가 건설에 참여하고 봉사하는 국민 정신을 드높인다.

반공 민주 정신에 투철한 애국 애족이 우리의 삶의 길이며, 자유 세계의 이상을 실현하는 기반이다. 길이 후손에 물려줄 영광된 통일 조국의 앞날을 내다보며, 신념과 긍지를 지닌 근면한 국민으로서, 민족의 슬기를 모아 줄기찬 노력으로, 새 역사를 창조하자.

1968년 12월 5일 박정희

우리의 역사 속에 근대 국가의 시민으로 거듭나기 위한 강한 시민 혁명 정신과 시민의 강력한 참여 정신이 존재했음에도 불구하고, 이와 같은 교육에 의해 우리의 시민 정신은 왜곡되고 굴절되어왔다. 그 결과 우리는 문제가 있어도 나서서 바꾸려 하는 대신, '모난 돌이 정 맞는다'며 뒤로 물러서서 남의 일처럼 관조하는 수동적 태도를 취하곤 했다.

우리가 이러한 교육을 중시해왔음은 1995년까지 '국민학교'라는 명칭이 쓰였다는 데서 단적으로 엿볼 수 있다. 그러나 군사독재가 몰락하고 문민정부가 등장한 뒤인 1996년, 일본 제국주의의 잔재이자 독재 정권의 교육적 기반이었던 국민학교는 역사의 유물로 남게 되었다. 대신 정치적으로 중립적인, 말 그대로 최초의 교육이라는 의미의 초등학교가 미래의 시민을 교육하게 되었다. 초등학교를 마친 장래의 시민은 초등학교와 마찬가지로 정치적으로 중립적인 중학교, 고등학교에서 교육을 받게 된다. 우리는 그 교육을 통해 국민 속의 개인이 아닌 시민으로 성장한다. 즉 자유와 창의, 인류의 보편적 가치, 자신의 무거운 권리와 그에 상응하는 의무, 나와 우리와 다름에 대한 인정을 배우는 시민 교육을 받게 된다.

헌법을 바꾸자

국가의 주인은 국민이 아니라 시민이다. 국가의 주권은 낱낱의 개별 시민에게 있다. 근대 국가를 세운 것이 시민이므로 시민이 국가의 주인이 되는 것은 당연하다. 그런데 대한민국 헌법에는 '시민'이 없다. 우리는 한 번도 문제 삼은 적 없는 이 사실을 이제 문제 삼아야 한다. 국민학교가 정치적으로 중립적인 초등학교로 바뀌었듯이 헌법의 용어도 당연히 바뀌어야 한다. 헌법은 모든 것의 주체를 '시민'으로 바꿔야 한다. 또한 헌법은 국

초등학교로 거듭나는 일이에요.

일제와 독재의 잔재를 청산합시다.

혁~

각하를 감히...

초등학교

가와 사회를 구성하고 있는 모든 시민, 즉 여성, 청소년, 노인 등 다양한 유형의 약자와 소수자를 포함한 모든 시민의 권리가 보장될 수 있도록 바뀌어야 한다. 예컨대 헌법 1조 2항은 "대한민국의 주권은 시민에게 있고, 모든 권력은 시민으로부터 나온다"로, 헌법 제2장의 제목은 "시민의 권리와 의무"로 바뀌어야 한다. 그래야만 시민이 시민의 권리를 침해하는 억압적이고 반민주적인 정권을 막기 위해 자발적으로 나서게 되며, 시민의 권리를 침해하는 적국의 침입에 맞서 시민 스스로 무장을 하고 나설 수 있게 된다.

제2장
빛바랜 청사진, 근대의 시민

권리가 먼저인가, 의무가 먼저인가? 의무보다는 권리가 먼저다. 개인의 권리는 어떤 이유로도 부당하게 침해될 수 없다. 통제하기 편하다는 이유로 청소년을 짧은 머리와 규격화된 교복으로 정형화하는 것은 청소년의 권리 이전에 한 개인의 권리를 침해하는 것이다. 누구나 자신을 자신답게 표현할 권리를 가지고 있기 때문이다. 국가가 개인의 권리를 침해하는 경우에는 반드시 정당한 이유가 있어야 한다.

근대의 출발은 장밋빛이었다. 봉건 시대의 모든 억압을 벗어나 자유로운 시민으로 탄생한 근대인은 모든 것을 다 할 수 있는 것처럼 보였다. 분명 현실도 그런 모습을 드러냈다. 그러나 근대가 숨 가쁜 질주를 하며 현대로 다가갈수록 장밋빛은 붉고 화려한 빛보다는 어두운 빛을 띠기 시작했다. 근대 정치는 장밋빛 청사진을 실현하기도 전에 바래기 시작했다.

국가의 수동적 주인인 국민 대신 혁명을 통해 국가의 적극적 주인으로 등장한 시민. 그러나 시민이 반드시 국가의 적극적 주인인 것만은 아니었다. 시민 스스로 정치 과정에서 벗어나기도 했고, 국가가 능동적 시민의 자리를 빼앗기도 했다. 오늘날 이와 같은 현상은 다양한 영역에서 나타나고 있다.

우선 시민들이 정치에 참여하지 않는 현상이 두드러지게 나타나기 시작했다. 둘째, 오늘날 국가를 구성하는 모든 시민은 권리를 누리기보다는 의무에 압살당하고 있으며, 시민으로서의 알 권리를 누리기보다는 도덕과 권위에 압도되고 있다. 셋째, 오늘날에도 시민이 자신의 노력에 따라 자신이 원하는 직업을 갖는 것이 늘 가능하기만 한 것은 아니어서, 중세와 마찬가지로 정치, 경제, 사회, 문화, 학문 등의 모든 영역에서 신분이 세습되는 경향이 있다. 넷째, 인터넷 시대가 열리면서 인터넷은 시민이 정치에 참여하고 주인이 되는 민주주의의 한 수단이 될 수 있는 것처럼 보였으나, 인터넷에도 조작하고 통제하는 권력이 있어서 시민은 조작과 통제의 대상으로 변했다.

이런 점에서, 근대 정치는 모든 시민의 자유, 평등, 박애라는 소임을 다하기도 전에, 오늘날에 이르러 쇠락 현상을 드러내고 있다. 그 쇠락은 단지 근대 정치의 쇠락이 아니고 근대 정치의 주체인 시민들의 쇠락이기도 하다. 이러한 쇠락 현상들을 한번 살펴보자.

1. 나도 투표하고 싶다
―권리와 의무의 관계

머리를 기를 자유, 힙합 바지를 입을 자유

　　　　　　중고등학교의 아침 등굣길. 힙합 바지를 입은 장발의 남학생이 커다란 농구공을 들고 학교로 가고 있다. 어떤 여학생은 어제 막 파마를 했는지 고불고불한 머리를 찰랑댄다. 교문 앞에 서 있는 교사들의 얼굴에는 함박웃음이 피어 있다. 교사들은 오래전에 선도를 그만두었다. 다만 아이들의 얼굴에 근심이 어려 있지는 않은지 살펴볼 뿐이다. 물론 이러한 풍경은 유쾌한 상상에 지나지 않는다.

　　머리를 기르면, 교복을 입지 않으면 학생들이 쉽게 탈선하고 무질서해진다는 주장이 있어온 지 오래다. 또 교복이 없어지면 학생들이 옷에 너무 많은 돈을 들이고, 옷차림을 통해 빈부 격차가 드러나게 된다는 주장도 오래전부터 있어왔다. 그래서 요

즘도 대부분의 중고등학교에서는 학생들의 두발과 복장에 제재가 가해지고 있다. 세상의 모든 것이 다 변해도 중고등학생은 머리를 길러서는 안 되고, 파마를 해서는 안 되며, 반드시 교복을 입어야 한다는 것이다. 하지만 분명한 것은, 학생들의 머리 모양에 제재를 가하는 것은 그들의 신체의 자유를 억압하는 행위라는 것이다. 또 교복을 입도록 강요하는 것은 그들의 표현의 자유를 억압하는 것이다. 그럼에도 학생들에게서 신체의 자유와 표현의 자유를 누릴 권리를 빼앗은 것에 대해 사회는 아무 해명도 하지 않고 있다.

　이렇게 학교에서 학생들의 개인적인 권리가 침해당하듯, 사회나 국가에서 개인의 권리가 침해당할 수 있다.

권리와 의무는 동전의 양면과 같은 것

신문 사회면을 펼쳐보자. '보행자의 권리 보장 요구', '장애인 이동권 보장 요구', '농민의 생존권 요구', '비정규 노동자의 생존권 요구', '학내 종교의 자유 요구' 같은 말을 쉽게 볼 수 있다. 이런 권리를 요구하면서 극단적인 경우에 시민들은 목숨을 걸기도 한다. 단식, 분신과 같은 행동을 통해서 말이다. 그러나 때로 그렇게 처절함이 따르긴 해도, 어쨌든 사람들이 그렇게 당당히 이러저러한 권리를 내놓으라고 요구하는 것을 보면 시민이 기본적으로 그런 권리들을 요구할 수 있는 존재인 것은 분명한 듯하다.

그렇다면 시민에게는 권리만 있는가? 물론 아니다. 신문 경제면에서 흔히 마주치게 되는 '재산세', '상속세', '증여세'와 같은 단어들, 혹은 길거리의 현수막에서 종종 보게 되는 '재산세 납부의 달'과 같은 말은 모두 시민의 의무 중 하나인 '납세의 의무'를 상기시키는 것들이다. 시민은 세금을 성실하게 납부해야 하며, 그렇지 않을 경우에는 가산금 부과나 재산 압류 같은 처벌을 받는다. 또 신문 사회면에는 '병역 의무'를 이행하지 않아 처벌을 받게 된 유명인들의 이야기가 종종 실리곤 한다.

우리는 흔히 권리는 적고 의무는 많다고 생각한다. 심지어 권리는 없고 의무만 있다고 불평하기도 한다. 하지만 '권리 없는 의무 없고, 의무 없는 권리 없다'는 것이 가장 고전적인 동시에 가장 정확한 답이다. 권리와 의무는 동전의 양면과 같다.

눈을 감고 하루만 지내보자. 휠체어를 타고 하루만 도심을 가로질러보자. 물론 믿을 만한 친구나 가족이 동행해 길을 이끌어준다는 전제 아래다. 장애인을 위한 조건과 시설이 많이 나아졌다고는 해도 아마 10분도 안 되어 주저앉아 버릴 것이다. 이런 체험이야말로 장애 관련 정책을 가장 전향적으로 시행할 수 있는 방법이 아닐까.

시민은 여러 가지 권리를 누리는 동시에 정해진 의무를 이행해야 하는 존재다. 시민은 재주껏 재산을 형성하고 그 재산을 재량껏 이용할 권리를 가지고 있지만, 동시에 그 재산 규모에 상응하는 세금을 낼 의무 또한 지고 있다. 시민은 자신의 생명을 지킬 권리를 가지고 있지만, 동시에 병역의 의무 또한 지고 있다. 시민은 교육받을 권리를 가지고 있지만, 동시에 의무 교육 기관인 초등학교에 반드시 다녀야 할 의무 또한 지고 있다. 그렇기 때문에 시민은 권리를 요구하기 전에 먼저 의무를 다해야 하고, 국가는 시민의 의무 이행을 요구하기 전에 먼저 시민의 권리를 보장해주어야 한다.

닭이 먼저냐, 알이 먼저냐

권리와 의무가 동전의 양면과 같은 것임에도 과거에 우리 사회는 시민의 권리보다는 시민의 의무를, 개인의 권리보다는 사회적 공익을 더 강조하곤 했다. 학생들에게 머리를 기르지 못하게 하는 것도, 교복을 입게 하는 것도 그런 맥락이다. 그래도 사람들은 그다지 문제 삼지 않았다. 오히려 '함께 잘 먹고 잘살기 위해서'라고 여기며, 개인이 조금 손해 보는 것을 당연하게 받아들이기까지 했다. 노동자나 농민이 소리 높여 생존권을 주장하면 그들이 사회를 혼란스럽게 만들며 경제 발전의 걸림돌이 된다고 비판적으로 보기도 했다.

대한민국은 오늘날 형식의 측면에서 절차적 민주주의를 완성했다. 그러나 한 시민의 권리보다는 국가에 대한 의무가 훨씬 더 중요하다는 생각이 여전히 뿌리 깊게 남아 있다. 그래서 어떤 개인의 권리 주장의 내면을 들여다보려고 하지 않으며, 그가 왜 그런 주장을 하는지, 그가 과거에 어떤 피해를 당했고 현재 어떤 상태에 처해 있는지를 살펴보려 하지 않는다. 그저 사회가 공유하고 있는 가치와 규범을 왜 따르지 않느냐고 윽박 지르고, 따르지 않을 경우 불이익을 당해야 마땅하다고 협박할 뿐이다. 우리는 절차적 민주주의를 완성시켰지만 의식에 있어 서는 아직 뒤처져 있는 것이 현실이다.

국가에서 살아가는 시민은 권리를 먼저 주장할 수 있는가, 아니면 권리를 주장하기 전에 국가에 대한 의무부터 다해야 하는가? '닭이 먼저냐 알이 먼저냐'와 같은 질문이다. 어느 것이 먼저라고 답하기 쉽지 않다. 그러나 우리는 답변을 내려야 한다. 살아가는 동안 권리와 의무의 충돌에 관한 문제에 끊임없이 부딪치기 때문이다. 가장 대표적인 경우로서 병역의 의무와 양심의 자유가 충돌하는 '양심에 따른 병역 거부'를 통해 이 문제를 살펴보도록 하자.

읽을거리

지금도 저는 총칼을 들고 있는 부처님을 상상할 수가 없습니다. 저는 이렇듯 '불살생'의 종교적 신념과 평화·봉사의 인생관에 대

양심에 따른 병역 거부에는 다양한 종류가 있다. 우리가 가장 잘 알고 있는 여호와의 증인을 믿는 사람들은 종교적 신념에 따른 거부자들로서, 이들이 양심에 따른 병역 거부자 중 대부분을 차지하고 있다. 오태양 씨나 유호근 씨 등은 정치적 신념에 근거해 병역을 거부한 경우다. 가장 최근의 예로는 강철민 일병처럼 군에 입대한 후에 특정한 전쟁, 예컨대 미국의 이라크 침략 전쟁에 반대해 거부 의사를 밝힌 선택적 병역 거부도 있다. 양심에 따른 병역 거부가 이처럼 다양하게 나타나는 것은 양심의 범주가 그만큼 폭이 넓기 때문이다.

한 확신으로 도저히 군사 훈련과 집총을 할 수 없습니다. 그것은 일체의 전쟁 행위에 대한 반대이며, 그런 확신에 따른 일체의 군사 훈련 참여에 대한 거부인 것입니다……오로지 평화와 봉사의 인생관과 불교 신자로서 불살생의 원칙을 지키려는 양심 때문에 집총 훈련을 받을 수 없어 입영할 수 없습니다.

　—2002고단934 병역법 위반, '오태양 변호인 의견서' 중에서

　'국가의 안전 보장'은 국가의 존립과 영토의 보존, 국민의 생명, 안전의 수호를 위한 불가결한 전제 조건이자 모든 국민이 자유를 행사하기 위한 기본적 전제 조건으로서……헌법상 인정되는 중대한 법익이다. 이 사건 법률 조항은 국민의 의무인 '국방의 의무'의 이행을 관철하고 강제함으로써 징병제를 근간으로 하는 병역 제도하에서 병역 자원의 확보와 병역 부담의 형평을 기하고 궁극적으로 국가의 안전 보장이라는 헌법적 법익을 실현하고자 하는 것이다.

　—병역법 제88조 제1항 제1호 위헌 제청 2002헌가1 결정문 중에서

불살생의 신념 때문에 군대에 갈 수 없고, 집총 훈련을 받을 수 없다는 한 청년의 양심의 자유가 먼저인가, 아니면 모든 국민이 자유를 누리며 살 수 있기 위한 전제 조건인 '국방'의 의

무가 먼저인가? 그러한 양심의 자유를 주장할 수는 있으나 그 양심을 실행에 옮길 때는 병역 기피자에 대한 처벌을 기꺼이 감수해야 한다고 말할 것인가? 남들은 다 묵묵히 이행하는 병역 의무를 자기만 거부하려 하는 것은 이유가 어떻든 간에 대단히 이기적이고 비겁한 행동이라고 말할 것인가? 헌법이 제정된 이래 무려 10,000명이 넘는 양심에 따른 병역 거부자가 '동일 범죄 동일 형량'을 받는 역사상 초유의 사태가 벌어져도 우리는 개인의 양심의 자유의 권리를 어떻게 보호할 것인지 고민해보지 않았다.

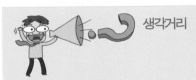

양심에 따른 병역 거부자들을 위한 제도로 '대체복무제'가 있다. 대체복무제란 양심에 따른 병역 거부자들을 위해 병역 의무를 다양한 형태의 사회 봉사로 대체해주는 것이다. 각종 시설에서의 봉사 활동, 소방역, 산불 감시 같은 형태가 일반적이다. 현재 많은 나라가 대체복무제를 채택하고 있으며, 우리나라에서는 현재 국회에서 대체복무제 입법이 준비되고 있다.

생각거리

의무에 의해 권리가 침해되는 것만이 문제가 되는 것은 아니다. 나의 권리가 다른 사람의 권리를 침해하는 것도 문제다. 가장 전형적인 예가 미국이 허용하고 있는 총기 휴대 권리다. 미국 헌법 수정 2조(무기 휴대의 권리)는 "규율 있는 민병은 자유로운 주의 안보에 필요하므로 무기를 소장하고 휴대하는 인민의 권리를 침해할 수 없다" 라고 규정하고 있다. 이 때문에 과거부터 지금까지 미국에서는 시민이 자유, 생명, 재산의 권리를 지키기 위해 총을 들고 싸우는 것이 정당화되었으며, 오늘날 총기를 규제하는 것이 불가능하게 되고 말았다. 그런데 헌법에 보장된 이 권리가 뜻하지 않은 문제를 야기하곤 한다. 다음 글을 읽고 개인의 권리 남용이 어떤 피해를 불러오는지 생각해보고, 권리를 합리적으로 통제할 수 있는 방법을 생각해보도록 하자.

간간이 책장 넘기는 소리만 들리는 조용한 도서관. 시커먼 코트를 입고 스키 마스크를 쓴 두 사람이 들어온다. 두 사람은 약속이나 한 듯이 코트를 풀어 헤치고 총을 꺼내들고는, 목표물을 향해 서두르지 않고 조준 사격을 가한다. 쇠파이프 폭탄도 투척한다. 순식간에 도서관은 아비규환의 전쟁터로 변한다.

미국 갱 영화의 한 장면이 아니다. 1999년 4월 20일 미국 덴버 시 컬럼바인고에서 실제로 벌어졌던 고등학생 총기 난사 사고 당시의 모습이다. 이 사고로 순식간에 15명이 죽음을 맞았고, 20여 명이 부상을 당했다. 소수 인종, 잘나가는 운동선수, 범인들을 괴롭혔던 친구들이 이날 희생됐다.

총기 난사를 주도한 학생들은 '트렌치코트 마피아'라고 불리는 학교의 불량 서클 구성원들. 그들은 자신들을 따돌리는 학생들을 미워했고, 흑인들을 싫어했으며, 잘나가는 운동선수들을 증오했다. 그들은 자신을 지키기 위해 무장할 수 있다는 수정 헌법 2조의 권리를 타인을 살해하는 도구로 이용했다.

시민의 권리와 의무, 그리고 몇 가지 필연적 법칙

그럼 이쯤에서 시민의 권리와 의무에는 구체적으로 어떤 것들이 있는지 정리해보자. 시민의 의무로는 납세의 의무, 국방의 의무, 교육의 의무, 근로의 의무, 환경 보전의 의무, 재산권 행사와 공공 복리의 의무, 준법의 의무가 있다. 시민의 권리로는 법 앞에 평등하고 성별, 종교, 사회적 신분과 권위에 의해 차별받지 않을 권리인 평등권, 신체의 자유, 언론·출판·집회·결사의 자유, 사생활의 비밀과 자유, 양심의 자유 등을 누릴 권리인 자유권, 직간접으로 국정에 참가할 수 있는 정치적 자유권인 참정권, 교육의 권리, 근로의 권리, 노동자의 단결권, 사회 보장을 받을 권리와 같은 사회권, 행복추구권, 청원권이 있다.

그런데 이런 권리와 의무 사이에서 몇 가지 필연적 법칙이 드러난다. 첫째, 의무 항목보다 권리 항목이 훨씬 더 많다. 둘째, 의무 항목보다 권리 항목이 더 많이 증가한다. 예컨대 국가와 사회가 발전하면 사회권과 같은 형태가 새로 등장할 뿐만 아니라 행복추구권이 훨씬 더 구체화된다. 셋째, 의무의 강도가 줄어드는 데 비해 권리는 훨씬 더 강화된다. 예컨대 우리나라의 병역 복무 기간이 3년에서 2년으로까지 줄어들었듯이, 또 노인과 여성과 아동과 관련된 복지가 증가했듯이 말이다.

행복추구권은 "모든 인간은 인간으로서 존엄과 가치를 가지며, 행복을 추구할 권리를 가진다", 청원권은 "모든 국민은 법률이 정하는 바에 의하여 국가 기관에 문서로 청원할 권리를 가진다"라고 규정되어 있다.

권리가 의무에 앞선다

닭이 먼저냐 알이 먼저냐에 대해서는 답을 구하지 못해도 상관없지만(그래도 닭고기와 계란을 먹는 데는 아무 지장이 없으므로) 시민의 의무가 먼저인가 권리가 먼저인가에 대해서는 답을 이끌어내야 한다. 양심에 따른 병역 거부자의 경우에서처럼 이는 멀쩡한 한 개인을 범법자로 만들어버릴 수도 있는, 한 청년의 일생이 달린 문제이기 때문이다.

미국 헌법 수정 5조는 다음과 같이 국가에 의한 권리 침해에 대한 보상 문제를 다루고 있다. "누구라도 동일한 범행으로 생명이나 신체에 대한 위협을 재차 받지 않으며, 누구라도 정당한 법의 절차에 의하지 않고는 생명, 자유 또는 재산을 박탈당하지 않는다. 또 정당한 보상 없이 사유 재산이 공용으로 수용당하지 않는다." 생명, 자유, 재산에 대한 권리는 시민 혁명 시대부터 규정되어온 고전적인 권리다. 이는 생명권, 자유권, 재산권의 형태로 이론화되었다.

문제를 일반화해 다시 한번 질문을 던져보자. 권리가 먼저인가, 의무가 먼저인가? 의무보다는 권리가 먼저다. 개인의 권리는 어떤 이유로도 부당하게 침해될 수 없다. 통제하기 편하다는 이유로 청소년을 짧은 머리와 규격화된 교복으로 정형화하는 것은 청소년의 권리 이전에 한 개인의 권리를 침해하는 것이다. 누구나 자신을 자신답게 표현할 권리를 가지고 있기 때문이다. 국가가 개인의 권리를 침해하는 경우에는 반드시 정당한 이유가 있어야 한다. 또한 침해된 권리에 대해서는 국가가 보상해주어야 한다.

양심에 따른 병역 거부의 사례로 다시 돌아가면, 양심의 자유를 누릴 권리가 먼저 인정되어야 한다. 물론 그렇다고 해서 단순히 양심에 따른 병역 거부자에게는 병역의 의무를 면제해주어야 한다는 얘기가 아니다. '병역'을 거부하는 그 양심을 존중해, 군 복무 대신 다른 방식으로 그에 상응하는 강도의 의무를 치를 수 있도록 국가가 특별한 제도를 마련해야 한다는 것이다. 현재 우리나라에서 대체복무제 입법이 진행되고 있는 것은 그 때문이다.

권리가 의무에 앞선다.

"대표 없이는 과세 없다"(국가가 시민에게 시민의 권리를 대표할 사람을 선출할 권리를 주지 않는다면 국가는 시민에게 의무를 부과할 수 없다)라는 프랑스 혁명 당시의 구호에서 일찍이 밝혀졌듯이 권리 보장 없는 의무는 있을 수 없다. 국가에 의한 시민의 권리 보장, 개인의 권리를 침해하지 않으려는 국가의 노력, 부득이하게 침해할 경우에 대한 국가의 보상 대책 등은 현대 국가의 필요조건이다. 이런 조건을 충족시키지 못하는 국가는 정당한 존재 이유를 가질 수 없다. 이에 덧붙여 국가의 권리 침해에 대한 시민의 적극적인 저항 또한 반드시 수반되어야 한다.

2. 포르노를 보고 싶어요

—표현의 자유

컴퓨터를 켠다. 인터넷에 접속한다. 아이디와 패스워드를 입력한다. 메일을 확인한다. 낯선 이에게서 온 메일이 있다. 스팸 메일인지 아닌지 구분이 안 된다. 혹시나 하는 마음에 열어본다. 역시나 낯 뜨거운 사진이 뜨고 조잡한 동영상이 움직인다. 일단 눈에 들어온 그림들에서 금방 시선이 거둬지지 않아 지켜본다. 갑자기 문 열리는 소리가 들린다. 누가 볼까 무서워 인터넷을 끄려고 마우스를 누른다. 그러나 아뿔싸! 다른 포르노 사이트로 계속 접속이 된다. 더 선정적인 사진들이 동시에 올라온다. 가슴이 콩닥콩닥 뛰고 얼굴은 사색이 되어간다. 갑자기 자신이 짐승이 된 것 같다. 참 곤란한 분위기가 지속된다.

많은 사람들이 한 번쯤 경험해봤거나 들어본 일일 것이다. 남들 모르게 은밀히 즐기게 되는 포르노. 이 포르노에도 정치와 관련된 얘깃거리가 내포되어 있다.

글이 통하지 않는 시대

포르노와 정치가 어떻게 관련돼 있다는 것일까? 이 문제를 살펴보기 위해서 18세기 말의 프랑스로 가 상상력을 발휘해보자.

도심 한가운데 버티고 서서 공포의 상징이 되었던 흉측하고 거대한 감옥은 시민들의 힘에 의해 이미 무너졌다. 귀족들은 정치의 전면에서 쫓겨나고 지주, 공장주, 은행가 등이 투표권을 획득했다. 농노는 사라졌다. 과거에 농노였던 사람들은 이제 자유롭게 계약하며 직업을 얻기 시작했다. 그러나 여전히 도시의 인심은 흉흉하다. 먹을 것도 그리 많지 않다. 물가는 하루가 다르게 상승한다. 게다가 겨울 날씨가 살을 에도록 춥다. 직업이 없어 길거리를 헤매는 사람들이 점점 늘고 있다. 뒷골목에는 도심 전체를 뒤흔들 듯한 불온한 공기가 팽배해 있다. 그런 뒷골목과 도심 한복판에 다음과 같은 벽보가 나붙었다고 가정해보자. 당시의 상황에 비추어 볼 때 이 가상의 벽보는 시민들을 설득하는 데 어떤 문제점이 있었을까?

친애하는 노동자, 농민, 광부, 그리고 이 땅의 민주주의를 바라는 모든 국민 여러분! 지난 몇 년간 우리는 혁명의 대열에 동참하여 부패한 왕과 귀족들을 몰아내는 데 앞장섰습니다.

그러나 그 대가로 우리에게 돌아온 것은 무엇입니까? 하루 종일 일했지만 우리에게 돌아온 것은 배고픔과 추위뿐입니다. 왜 우리는 아무리 노력해도 이토록 낭떠러지 위를 걷는 듯 위태로운 걸까요?

그 이유는 분명합니다. 바로 우리에게 어떠한 것도 선택할 자유가 없기 때문입니다. 우리는 우리 자신의 생존이 걸린 노동 조건과 의식주 문제와 관련된 어떠한 선거권도, 어떠한 단결권도 갖지 못하고 있습니다. 도리어 돈 많은 지주, 공장주, 은행가들만이 우리의 운명을 결정하는 선거권을 갖고 있습니다.

우리는 앞으로 인형이기를 거부할 것입니다. 우리는 우리 삶의 질을 우리 스스로 개선할 것입니다. 우리는 모든 사람들이 삶의 문제를 스스로 결정할 수 있도록 모든 사람들에게 선거권을 돌려줄 작정입니다. 이것이 노동자를 비롯한 대중의 삶을 개선하는 지름길이요 가장 확실한 길이라는 것을 믿습니다.

진정한 시민 사회란 재산을 가진 지주, 공장주, 은행가들만이 이 땅의 주인이 아니라 이 땅에 사는 모든 국민이 주인인 사회를 말하는 것입니다. 과거 권력을 가진 왕과 귀족들만이 주인 역할을 하다가 우리의 혁명으로 무너졌는데 이제는 재산을 가진 지주, 공장주, 은행가들만이 권력을 갖고서 우리 노동자, 농민, 광부, 소상공인 등을 권력에서 소외시키고 착취하고 있습니다.

친애하는 노동자, 농민, 광부, 그리고 이 땅의 민주주의를 바라는 모든 국민 여러분! 이제 다시 나섭시다. 우리의 새로운 투쟁만이 진정한 시민 사회, 모든 국민이 주인이 되는 민주 사회를 이루는 길입니다.

이제 우리는 진정한 혁명을 쟁취할 것입니다. 혁명은 빵과 치즈의 문제요 나이프와 포크의 문제입니다. 우리는 추상적인 자유를 넘어 진정한 사회 혁명으로 나아가기 위해서 모든 정치적 자유를 쟁취할 것입니다.

우리는 이를 위해 노동자, 농민, 광부 단체의 대표를 묶어 '선거권 쟁취 범국민위원회'를 결성했습니다. 이 땅의 노동자, 농민, 광부 단체들이 우리 위원회에 동참해주시고, 그 밖에 이 땅의 진정한 혁명을 바라는 모든 국민 여러분께서도 우리 위원회에 동참해주셔서 우리의 목적을 쟁취합시다.

우리는 우리의 목적을 쟁취하는 데 평화적인 방법으로 임할 것입니다. 우리는 폭력을 원치 않습니다. 그러나 우리는 합법적인 방법으로 투쟁할 수는 없습니다. 현재 선거권에 관한 정부의 법은 악법이기 때문입니다. 악법을 따르는 합법적인 방법으로 임한다는 것은 우리의 목적을 포기하는 것입니다. 따라서 정부 책임자가 폭력적인 방법으로 우리를 탄압한다면 우리도 그에 맞서 강력하게 대응할 것입니다.

정부는 다음의 요구를 겸허하게 받아들여야 할 것입니다. 만약 다음과 같은 요구를 받아들이지 않을 때에는 수천만 노동자, 농민,

광부, 그리고 이 땅의 민주주의를 바라는 모든 국민의 강력한 저항에 부딪칠 것입니다. 그 불상사의 모든 책임은 현재의 정부 책임자들과 소수의 특권층이 져야 할 것입니다. 우리의 요구는 오로지 하나, 다음과 같습니다.

이 땅의 모든 성인 남녀에게 선거권을 보장하라.

우리의 투쟁은 이 땅의 모든 성인 남녀에게 선거권을 보장하는 날 드디어 막을 내릴 것입니다. 그때까지는 결코 선거권 쟁취라는 우리의 깃발을 놓지 않을 것임을 맹세합시다.

—교육과정 자료 133(제7차 교육과정에 따른 성취 기준과 평가 기준—고등학교 사회), 181

많은 사람들이 이 벽보 앞에 모여들었다. 사람들이 수군대기 시작했다. 한 사람이 나서서 벽보를 소리 내어 읽으며 선동하기 시작했다. 군중은 고개를 끄덕이기도 하고 '옳소' 하고 외치기도 했지만, 이내 언제 그랬냐는 듯이 흩어지기 시작했다. 왜 그럴까? 다수의 노동자, 농민, 광부들이 자신의 삶을 스스로 결정하는 투표권을 얻어야 한다는 주장이 왜 설득력을 얻지 못하고 찻잔 속의 태풍으로 끝났을까? 답은 한 가지다. 당시 이런 벽보를 읽거나 이해할 수 있는 시민이 그리 많지 않았기 때문이다. 프랑스 혁명이 일어난 뒤인 18세기 말~19세기 초에는 문맹률이 높아서 글을 읽을 줄 아는 사람은 지주, 공장주, 은행가, 그리고 구체제의 성직자들과 귀족들뿐이었다. 따라서

참정권을 얻기 위한 '선거권 쟁취 범국민위원회'의 시도라는
이 가상의 상황이 설령 현실이었다 해도 불발에 그칠 수밖에
없었을 것이다.

글 대신 포르노 그림으로

　　　　　이러한 높은 문맹률 때문에, 혁명에
의 동참을 위해 시민들을 설득하는 것이 중요했던 프랑스 혁명
기에는 글 대신 포르노 그림이 사용되었다.

　이러한 매체 선정에 있어서는 두 가지 관점이 중요하다. 하
나는 대다수 시민의 입장이고, 다른 하나는 앞서가는 극소수
시민의 입장이다. 대다수 시민은 현재 무엇이 문제이고 앞으로

상업적 포르노를 모
르는 사람은 없다. 그렇다면 정
치적 포르노란 무엇인가? 이것
을 개념화하기는 어렵지만, 분
명 존재했고 존재해야만 한다.
정치적 포르노는 권력의 핵심
에 대한 공격이라는 정치적 의
도 아래 제작되는 포르노를 말
한다. 프랑스 혁명 당시 루이
16세와 마리 앙투아네트는 정
치적 포르노의 주된 공격 대상
이었다. 오늘날에도 정치적 포
르노는 정치적 의도를 가지고
권력의 핵심을 공격하는 것이
어야 한다.

가학적 성도착증을 가리키는 사디즘이라는 말은 프랑스 혁명의 한 주역이었던 소설가 사드Marquis de Sade에게서 비롯되었다. 그는 프랑스 혁명 당시 파리 코뮌의 한 지부 장이었으며, 도착적 성행위를 묘사한 포르노 소설로 유명하다. 카우프먼Philip Kaufman 감독의 영화 〈퀼스〉는 사드가 프랑스 혁명 당시 포르노 소설을 통해 표현의 자유를 주장한 것으로 그리고 있다.

어떻게 변화되어야 할 것인지를 알고 싶어 한다. 반면 극소수 시민의 관심은 이러한 내용을 어떻게 잘 표현하여 대다수 시민들이 이해하도록 만들 것인가에 있다.

귀족과 절대주의 왕정을 전복시키는 데 포르노는 루소J.-J. Rousseau의 사상만큼이나 커다란 기여를 했다. 혁명가들은 포르노라는 매체를 통해 자신들이 폭로하고자 하는 바를 자유롭게 표현했으며, 이로써 구체제의 문제점이 무엇인지를 문맹의 시민들에게 정확하게 이해시켰다. 혁명가들은 왕족, 귀족, 성직자 등의 성생활이 일반 시민들의 생각보다 훨씬 문란하다는 것을 포르노 그림을 통해 신랄하게 표현했다. 그런 포르노를 본 시민이라면 구체제가 그토록 내세우는 혈통의 순수성(귀족과 왕족이 자신들의 신분을 정당화하는 근거는 피의 순수성이었다)이 얼마나 터무니없는 것인지를 단번에 깨달을 수 있었다. 혈통의 순수성을 주장했던 그들이 사실은 문란한 성관계의 산물에 불과하다는 것을 알 수 있었기 때문이다. 고작 그런 존재들인 귀족들이 아무런 노력도 없이 권력과 경제력을 장악하고 있었음을 깨달은 시민들은 비로소 구체제를 타도하는 투쟁의 대열에 동참하게 되었다.

시민들을 의식화하는 데는 아무리 유려하고 논리적인 글이라 해도 글보다 단 한 장의 포르노 그림이 훨씬 더 효과적이었다. 포르노는 이렇게 폭로의 수단으로서 정치적 기능을 톡톡히 했다.

표현의 자유와 포르노

그렇다면 구체제가 무너진 뒤에 참정권 확대 운동을 벌였던 사람들은 프랑스 혁명 때 그랬던 것처럼 포르노를 이용해 지주, 공장주, 은행가들의 무지막지한 권력과 오만을 폭로할 수 있었을까? 그렇게 할 수 없었다. 법 때문이다. 성행위는 사람들의 가장 사적이고 은밀한 영역에 속한 것이어서 특정인의 성생활에 대한 사실을 확인하는 것은 거의 불가능하다. 따라서 이를 소재로 그림을 그린 화가가 있다면, 혁명가가 있다면 그는 유언비어를 유포하게 되는 셈이며, 따라서 허무맹랑한 사실로 특정인의 인권을 침해한 것이 된다. 그러므로 포르노를 통한 폭로는 불가능하다. 더구나 최소한의 도덕인 강력한 법이 포르노의 유포를 막고 있었으니, 프랑스 혁명 당시처럼 포르노 그림을 이용해 문맹의 시민들을 선동하는 것은 불가능했다.

이제 우리의 현실에서 생각해보자. 텔레비전 뉴스를 보다가 정치 이야기만 나오면 머리가 지끈지끈 아파온다. 하루도 빠지지 않고 정치인들은 왜 막말을 하고 멱살 잡고 싸우는지 염증이 난다. 바뀌면 나을 줄 알았는데, 바뀌어도 '역시야'라는 말이 절로 나온다. 신참 정치인도 나을 게 없다. 이런 정치판을 확 뒤집는 방법은 포르노를 통한 폭로가 아닐까. 포르노를 정치의 무기로 사용하는 것이다. 그러나 이것은 현실적으로는 불가능하다. 앞에서 말했던 것처럼 포르노를 규제하는 각종 법이 있고, 그것을 쥐고 있는 권력이 있기 때문이다.

다음의 헌법 제21조는 표현의 자유에 관한 것이다. 표현의 자유 보장과 표현의 자유 제한은 어떤 경우에 충돌하는지 생각해보고, 법에 의거하지 않은 표현의 자유 제한을 찾아보자.

제21조 ① 모든 국민은 언론·출판의 자유와 집회·결사의 자유를 가진다. ② 언론·출판에 대한 허가나 검열과 집회·결사에 대한 허가는 인정되지 아니한다. ③ 통신·방송의 시설 기준과 신문의 기능을 보장하기 위하여 필요한 사항은 법률로 정한다. ④ 언론·출판은 타인의 명예나 권리 또는 공중도덕이나 사회 윤리를 침해하여서는 아니 된다. 언론·출판이 타인의 명예나 권리를 침해한 때에는 피해자는 이에 대해 피해의 보상을 청구할 수 있다.

포르노는 표현의 자유의 한 영역이 될 수 있다. 정치적 포르노는 표현의 자유를 통해 기성 정치, 부패한 정치에 저항하는 수단이 될 수 있다. 정치적 포르노가 타인의 명예나 권리를 침해하지 않는 사실에 관한 것이라면, 그리고 공중 도덕과 사회 윤리를 침해하는 것이 아니라 시민의 알 권리를 보장하기 위한 것이라면, 정치적 포르노는 표현의 자유를 실현하는 강력한 매체가 될 수 있다.

그러나 우리는 정치적인 포르노는 보지 못하고 낯 뜨거워지는 상업 포르노만을 보게 된다. 말 그대로 표현의 자유를 추구하는 작가(시민 운동가)와 정치의 내막을 알고 싶어 하는, 알 권리를 가진 시민의 권리는 제대로 보장되지 않고 있다.

생각거리

2004년 미국 법무부가 미성년자들을 포르노로부터 보호하기 위해 제정된 미성년자 온라인 보호법을 시행하려고 하자, 미연방대법원은 이 법이 표현의 자유를 침해할 수 있다며 재검토 판결을 내렸다. 다음은 이 법안의 내용과 재검토 판결을 둘러싼 다양한 반응을 재구성해본 것이다. 이 글을 읽고 표현의 자유와 미성년자 보호 중 무엇이 우선해야 하는지를 생각해보자.

- 미성년자 온라인 보호법 : 미성년자들이 쉽게 접근할 수 있는 인터넷 사이트에 포르노 등을 올리면 50,000달러까지의 벌금을 부

과하고, 온라인으로 성인물을 보기 전에 암호를 비롯한 등록 절차를 밟도록 규정.

- 앤서니 케네디 판사 : 심한 법적 처벌로 (인터넷의) 콘텐츠를 규제하는 것은 자유로운 시민의 삶과 생각에 지속적이고 잠재적인 강압이 될 수 있다……이 법은 외국에서 들어오는 (포르노) 웹사이트는 막지 못하는 한계를 지닌다.

- 미국시민자유연맹 변호인 앤 비슨 : 이 법은 성인들에게 노골적인 표현물을 제공하는 모든 이들, 가령 예술가나 서점상, 온라인 성 상담가까지를 모두 범법자로 만들 수 있다……이번 판결로 예술인, 성교육 전문가, 웹 운영자 등의 권리가 보호받게 됐다.

- 마크 코랠로 미 법무부 대변인 : 우리 사회는 아동 외설물이 젊은 세대에 유해하며 그것을 막아야 한다는 공감대를 갖고 있다……법원이 미국의 아동을 보호할 상식적인 법안을 계속 부정하고 있다.

상업적인 포르노를 넘어

우리는 현실 권력자를 비판하는 포르노도, 기업 총수를 비판하는 포르노도 볼 수 없다. 또한 경찰이, 세무 공무원이, 회사 사장이, 구치소 직원과 공무원이 성 상납을 요구하는 포르노를 볼 수도 없다.

그 대신 성에 대한 그릇된 인식을 키워주는 상업적인 포르노만을 볼 수 있을 뿐이다. 그러나 이것도 정치적이다. 왜냐하면 각종 신문, 잡지, 인터넷을 이용해 권력과 금력을 통한 성 상납 강요 사례를 찾아보자.

첫째, 상업적인 포르노만을 보게 만듦으로써 정치 의식을 희석시키기 때문이다. 둘째, 경제 권력과 정치 권력 등을 비판하고 폭로하는 정치적인 포르노의 형성 자체를 억압하기 때문이다. 한마디로 반정치적 포르노를 통한 정치적 포르노 죽이기인 것이다. 그 결과 표현의 자유는 사라지고, 시민들의 알 권리는 철저하게 침해당한다.

우리에게 필요한 것은 상업적 포르노를 넘어 억압적인 권력의 근원을 자유롭게 표현하고 시민들에게 알 권리를 돌려주는 정치적 포르노다.

3. 나는 무엇이 될 수 있을까
─정치의 소멸

부자 아빠와 부자 자식, 가난한 아빠와 가난한 자식

열심히 공부하고 노력하면 부자가 될 수 있을까? 회의적으로 보는 사람들이 많을 것이다. 언제부터인가 '부자 아버지에 부자 자식, 가난한 아버지에 가난한 자식'이라는 것이 우리 사회의 공식처럼 되어버렸기 때문이다. 잘사는 집 자식은 비싼 사교육을 더 많이 받을 수 있어서 못사는 집 자식보다 성적이 더 좋고, 그래서 더 좋은 대학에 들어가며, 더 좋은 대학을 나온 덕분에 보수가 더 좋은 직업을 얻게 되고, 결국 더 부유하게 살게 된다.

게다가 가난한 집 자식은 대학에 다니는 것 자체가 힘들 정도로 대학 교육에 돈이 너무 많이 든다. 우선 등록금만 해도 1년에 500만 원(인문계와 사회계)에서 1,000만 원(예체능계, 의

대 등) 수준이다. 여기다가 용돈도 필요하고, 특히 타지에서 유학하는 학생들의 경우에는 훨씬 더 많은 돈이 든다. 대략 따져보면 대학생 한 명당 적어도 연간 1,000~1,500만 원 정도 든다고 볼 수 있다. 어디 이뿐인가. 어학 연수에, 배낭여행에, 취직에 대비한 온갖 학원 수강에……. 자식을 대학에 보내려면 가난한 부모는 상상할 수도 없고 만져볼 수도 없는 천문학적 비용이 들 수밖에 없다.

생각거리

2004년 11월 24일 한국직업능력개발원은 부모의 수입이 높을수록 자식의 성적이 높다는 조사 결과를 발표했다. 6,000여 명의 학생의 성적을 상(30%), 중(40%), 하(30%)로 구분하고, 학생들의 부모의 수입을 분석해 집계한 것이다. 발표 내용을 읽고 부와 교육의 상관관계를 생각해보자.

상위 성적 분포와 부모의 소득의 관계

		부모의 소득					
		100만원 미만	100~ 200만 원	200~ 300만 원	300~ 500만 원	500만 원 이상	전체
중학교	상위 성적	4.5% (23명)	21.1% (108명)	30.3% (155명)	32.0% (164명)	12.1% (62명)	100% (512명)
	전체	8.7% (141명)	27.3% (444명)	30.0% (488명)	25.1% (408명)	10.6% (143명)	100% (1,624명)

		8.3% (34명)	18.0% (74명)	26.6% (109명)	34.1% (140명)	8.8% (53명)	100% (410명)
일반계 고등 학교	상위 성적	8.3% (34명)	18.0% (74명)	26.6% (109명)	34.1% (140명)	8.8% (53명)	100% (410명)
	전체	8.5% (109명)	20.8% (267명)	29.7% (381명)	30.3% (388명)	12.9% (136명)	100% (1,281명)

중학교에서 상위 성적을 받은 학생들은 1,624명 중 512명으로 구분되었다. 부모의 수입이 월 500만 원 이상인 학생은 2명 중 1명 정도가 상위권에 진입해 있었으며, 300~500만 원인 학생은 3명 중 1명이 상위권에 드는 것으로 조사되었다. 반면 100만 원 미만인 학생은 약 7명 중 1명이 간신히 상위권에 들고, 100~200만 원인 학생은 4명 중 1명이 상위권에 드는 것으로 나타났다.

고등학교의 경우도 중학교처럼 확연히 드러나지는 않지만 부모의 수입과 성적에 상관성이 있음을 보여주었다. 부모의 수입이 500만 원 이상인 학생은 2.5명 중 1명, 300~500만 원인 학생은 2.7명 중 1명이 상위권인 반면, 200만 원 미만은 약 3.7명 중 1명이 상위권에 드는 것으로 조사되었다.

한국직업능력개발원의 발표에 따르면, 수입과 마찬가지로 부모의 교육 정도가 높을수록, 가정의 책의 보유 권수가 많을수록, 가족 간 영화·미술관·음악회 등의 관람 빈도가 높을수록, 부모의 교육열과 정부의 교육정책에 대한 관심도가 높을수록, 과외를 받을수록, 그리고 방과 후 어머니가 집에 있는 경우가 많을수록 학생들의 성적이 높은 것으로 확인되었다. 부모의 수입이 문화 생활과 교육에 대한 관심과 밀접한 연관이 있다는 점을 고려하면, 부모의 수입이 자녀의 성적에 절대적인 영향을 미치고 있음을 보여준다.

대물림의 철칙

　　　　　　　부가 다양한 직업과 신분의 세습을 불러오고 있다. 유치원, 초등학교, 중학교, 고등학교, 대학을 거친 후 직업을 갖게 되면 그 신분이 고착화된다.

　정치인들의 경우를 생각해보자. 김대중 전 대통령과 그의 아들 김홍일 국회의원, 박정희 전 대통령과 그의 딸 박근혜 한나라당 대표, 국회의원이자 초대 경찰총장이었던 조병옥과 그의 아들 조윤형 전 국회의원과 조세형 전 국회의원, 정재철 국회의원과 그의 아들 정문헌 국회의원, 과거에 신민당 당수였던 정일형과 그의 아들 정대철 전 국회의원……. 아버지에 이어 자식들도 정치인이 된 사례들이다. 심지어 자식이 아버지의 지역구를 물려받기도 한다.

　경제계는 어떤가. 우리나라에서 경영권 세습은 이미 기업의 고질적인 문제가 되어 있다. 우리가 알고 있는 대부분의 한국 기업들에서는 이와 같은 세습 경영이 이루어지고 있다. 기업의 모든 계열사들을 창업주 일가의 자손들이 경영하고 있는 것이다. 삼성이나 현대만 보아도, 고인이 된 창업주의 자녀들과 이 자녀들의 자녀들에 의해 경영 계보가 몹시 길게 이어진다. 정치와 경제뿐일까? 아버지가 교수면 자식도 교수가 되고, 아버지가 법조인이면 자식도 법조인이 되고, 아버지가 의사면 자식도 의사가 되기 쉽다. 연예계도 마찬가지다. 좋은 집안의 자식은 좋은 직업을 갖게 되는 방식으로 부가 대물림되고 신분으로 고착된다.

반면 아버지가 날품을 팔아 근근이 먹고사는 노동자면 그 자식도 날품팔이 노동자가 되기 십상이고, 아버지가 트럭을 타고 물건을 팔러 다니면 그 자식도 트럭 행상이 되기 십상이다. 어디 이뿐일까? 나쁜 집안의 자식은 나쁜 직업을 갖게 되는 방식으로 대물림되고, 아버지와 자식이 모두 빈곤층을 벗어날 수 없게 된다.

다음의 표는 우리나라의 대표적인 대기업의 하나인 두산 그룹의 가계를 정리해본 것이다. 부가 대물림되는 현실을 단적으로 보여주는 예다.

두산 그룹 가계 예시도*

박승직 창업주	박두병 대회장	박용곤 명예회장	박정원(62년생) (주)두산상사 BG사장
			박혜원(63년생) (주)두산잡지 BU상무
			박지원(65년생) 두산중공업(주) 부사장
		박용오 (주)두산 회장	박경원(64년생) (주)전신전자 대표
			박중원(68년생) 두산산업개발(주) 경영지원본부 상무
		박용성 두산 중공업 (주)회장	박진원(68년생) 전략기획본부 TRI-C팀 상무
			박석원(71년생) 두산중공업(주) 북경지점 차장

				박용현 서울대의대 병원장	→	박태원(69년생) 네오플럭스캐피탈(주) 상무
						박형원(70년생) (주)두산식품 BG 영업본부 차장
				박용만 (주)두산 부회장	→	박인원(73년생) (주)두산전자 BG 상해지사 과장
						박서원(79년생), 박재원(85년생) 학생
				박용옥 개인사업	→	박효원(86년생), 박예원(87년생), 박승원(93년생) 학생

*《시사저널》802호(2005년 4월 14일) 기사 "뉴 두산 설계사 박용만의 힘"에 실린 그림(46)을 참조해서 구성한 것이다.

읽을거리

민주노동당 노회찬 의원은 2004년 12월 2일 31기부터 35기까지 최근 5년간 사법연수원생 4,352명에 대한 분석 결과 강남구와 서초구 두 구청 출신 고등학교 졸업생들의 사법고시 합격률이 부산을 제외한 대구, 광주, 대전 등 각 광역시 배출 학생수보다 높다는 통계 자료를 발표했다.

각 시도별 사법연수원생 31기부터 35기까지의 출신 고등학교 지역별 현황은 서울특별시 1,429명(32.8%)으로 인구 비율 21%보다 11.8% 높은 결과로 나타났다. 경기도는 인구 비율 21%에 현저히 못 미치는 174명인 4%로 나타났다. 부산광역시는 380명, 인천광역시 80명, 대구광역시 368명, 광주광역시 356명, 대전광역시 167명, 울산광역시 56명, 경기도 174명, 강원도 96명, 충청북도 95명, 충청남도 69명, 전라북도 250명, 전라남도 159명, 경상북도 195명, 경상남도 305명, 제주도 72명이다(검정고시 출신자와 지역 미기재 인원 101명을 제외한 통계다).

서울시 구별 사법연수원생(2000~2004)

순위	구별	인원(명)	순위	구별	인원(명)
1	강남구	234	12	서대문구	38
2	서구	139	15	동대문구	33
3	광진구	137	15	용산구	33
4	송파구	83	17	마포구	31
5	종로구	82	17	양천구	31
6	강서구	77	19	구로구	30
7	강동구	72	20	노원구	28
8	성북구	62	21	강북구	26
9	중구	52	22	중랑구	24
10	은평구	48	23	도봉구	19
11	관악구	40	24	금천구	11
12	영등포구	38	25	성동구	8
12	동작구	38			

서울 지역의 구청별 사법연수원생은 강남구가 234명, 서초구

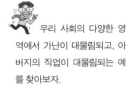 우리 사회의 다양한 영역에서 가난이 대물림되고, 아버지의 직업이 대물림되는 예를 찾아보자.

139명, 송파구 83명을 각각 배출한 반면 서울 지역 중에도 성동구 8명, 도봉구 19명, 강북구 26명을 배출해 강남구과 강북구의 차이는 9배로 현격하게 차이가 났다.

또 서울 지역 고등학교별로 사법연수원생을 많이 배출한 순위로 살펴볼 때 광진구에 있는 대원외고가 104명으로 압도적으로 많았고, 그 다음으로 강동구의 한영외고 43명, 서울고 37명, 경기고 30명, 성북구의 대일외고 27명, 휘문고 26명, 중동고 24명, 구정고 22명, 영동고 22명, 현대고 20명으로 상위 10위권 학교 중 유일하게 강남구 서초구가 아닌 3개 학교는 모두 특수목적고인 것으로 나타났다.

민주노동당 노회찬 의원은 통계 자료를 발표하며 "한국 사회에서 빈곤이 대물림되고 빈부 격차가 커지는 속에 교육과 입시 제도에 이어 사법 시험까지 부와 특권 계급이 세습되는 것을 확인할 수 있었다"고 말했다.

모든 사람이 기회의 평등이라는 원칙 아래 스스로의 의지와 노력에 의해 각자 원하는 직업을 선택할 수 있고 신분 상승을 이룰 수 있는 것이 근대 국가의 연장선상에 있는 오늘날의 자유민주주의 국가다. 그러나 현실을 돌아보면 과연 그런가 하는 의문을 갖지 않을 수 없다. 부모의 재력에 따라서 각자의 출발점 자체가 달라지기 때문이다. 부모의 부 덕분에 양질의 사교육을 듬뿍 받을 수 있는 학생들은 저만치 앞에서 출발한다. 어떤 학생들은 부모에게서 학비와 용돈을 지원받기도 어려운데,

참여하는 시민 즐거운 정치 ── 94

어떤 학생들은 대학 재학 중에 부모의 지원으로 학원도 다니고
어학 연수도 다녀오고 배낭여행도 다녀옴으로써 훨씬 더 우수
한 무기를 들고 사회에 나가게 된다. 그들은 인맥에 있어서도
더 탄탄하다. 이것이 과연 공평한 경쟁인가?

리바이어던의 도래

돈으로 사고팔아서는 안 되는 것이
있다. 미국의 현대 철학자 왈저Michael Walzer에 따르면 ① 사
람의 신체, ② 정치 권력과 영향력, ③ 형법적 정의, ④ 언론 ·
재판 · 종교 · 집회의 자유, ⑤ 결혼 · 생식 · 출산권, ⑥ 정치적

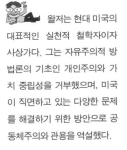

왈저는 현대 미국의
대표적인 실천적 철학자이자
사상가다. 그는 자유주의적 방
법론의 기초인 개인주의와 가
치 중립성을 거부했으며, 미국
이 직면하고 있는 다양한 문제
를 해결하기 위한 방안으로 공
동체주의와 관용을 역설했다.

공동체에서의 탈퇴의 자유, ⑦ 군 복무와 배심원의 의무 면제, ⑧ 정치적 공직, ⑨ 경찰의 보호와 초중등 교육, ⑩ 자포자기적인 절망적 교환(최소 임금, 8시간 근무제, 건강과 안전 규제 포기 등), ⑪ 상과 명예, ⑫ 신의 은총, ⑬ 사랑과 우정, ⑭ 살인 청부, 장물 취득, 마약이 여기에 해당된다. 그러나 현실에서는 이러한 것들이 공공연히 또는 비밀리에 매매되고 있다. 이러한 매매를 통해 사회의 부와 권력은 세습되고 유증된다.

돈을 통한 부와 권력의 세습을 막을 수 있는 방법은 바로 정치다. 그러나 시민의 대의를 대변하는 정치는 그 기력을 상실하고 있다. 그 이유는 다음과 같다.

첫째, 앞에서 본 것처럼 정치가 세습화되기 시작했기 때문이다.

둘째, 시민의 이익과 의견을 대표한다는 국회의원들에 대해 시민들이 등을 돌리기 시작했기 때문이다. 유명한 우스갯소리가 있다. 국회의원이 차를 타고 가다 논두렁에 빠져서 살려달라고 외쳤다. 그러나 지나가던 농부는 구해주지 않았다. 조사를 나온 경찰관이 왜 구해주지 않았느냐고 물었다. 그러자 농부는 국회의원들이 항상 거짓말만 하니까 그때도 거짓말을 하는 줄 알았다고 답변했다. 농담이기는 하지만, 시민은 이 정도로 국회의원을 믿지 않는다.

마지막으로, 정치에 대한 환멸의 한 표시로 투표율이 급격하게 하락하고 있다. 예컨대 1984년 12대 국회의원 선거에서 84.6%에 달했던 투표율이 1988년 13대 선거에서는 75.8%, 1992년 14대 선거에서는 71.9%, 1996년 15대 선거에서는

근대 국가에서 권력의 최고 정점은 시민에 의해 선출되고 그 시민의 이익을 대변하는 입법부다. 그러나 이러한 입법부의 권력은 상대적으로 약화되는 현상을 보이고 있다. 우리가 최근에 접한 사례는 국회가 결의한 수도 이전에 관한 법률을 헌법재판소가 원천적으로 무효화한 것이다(헌법재판소 재판관은 입법부, 행정부 수장, 대법원장의 추천에 의해 임명된다). 이러한 사례를 중심으로 입법부, 행정부, 사법부의 적절한 관계는 어떤 것일지 생각해보자.

63.9%, 2000년 16대 선거에서는 57.2%, 2004년 17대 선거에서는 59.9%로 점차 하락해왔다. 게다가 각종 보궐 선거의 투표율은 25~35%를 기록할 뿐이다.

정치에 대한 시민의 무관심은 입법부의 정치적 정당성의 토대를 크게 약화시킨다. 반면 행정부는 복지를 통해 국가 안에서 살아가는 모든 시민을 다 책임질 수 있다는 듯이 활동 영역을 점차 확대하고 있다. 행정부는 시민들에게서 거두어들인 세금으로 배고픈 자에게 밥을 주고, 일거리 없는 자에게 일거리를 주고, 잠자리 없는 자에게 잠자리를 준다. 행정부는 홍수나 태풍 같은 자연 재해로 인한 농민들의 피해를 메워준다. 행정부는 부모 없는 아이들을 거두어 먹이고 자식 없는 노인들을 보살핀다. 행정부는 한 가정의 개인적인 가장을 대신해서 공적 가장으로 등장한 반면, 시민들은 시민이라기보다는 신민(臣民)으로 전락했다.

또한 행정부는 국회의 입법 기능까지도 대신하기 시작했다. 제헌국회부터 16대 국회까지 국회의원이 발의한 법률안은 총 4,411건이고 행정부가 제출한 법률안은 4,615건(전체 법률안의 51.1%)이다. 행정부가 제출한 법률안이 국회가 발의한 법률안보다 더 많았던 것이다. 법률안 가결율을 보면 입법 기관으로서의 국회의 권위는 행정부 앞에서 더욱 위축된다. 행정부가 제출한 법률안 중 3,482건(68.5%)이 가결된 반면에 국회가 발의해 가결된 법률안은 1,602건(31.5%)에 지나지 않는다.

현대 국가의 행정부는 홉스Thomas Hobbes가 말한 '리바이어던'이 되었다.

홉스는 근대 절대주의 국가의 발생을 사회계약론으로 설명했다. 이기적인 개인의 '만인에 대한 만인의 투쟁'이 주는 공포 때문에 인간들은 사회 계약을 맺어 주권자에게 절대 권력을 부여하게 된다. 홉스는 성경에서 커다란 바다 괴물을 의미하던 리바이어던을 절대 권력을 부여받은 국가로 묘사했다. 절대 권력을 부여받은 리바이어던은 권력을 부여한 시민과 분리되어 마치 유기체처럼 자립적으로 행동한다.

홉스의 《리바이어던Leviathan》의 속표지에 있는 그림. 국가를 상징하는 리바이어던이 "모든 국민을 끌어안고서 자립적인 행동을 개시하려고" 하는 모습을 상징적으로 보여주고 있다.

개입하기

끔찍한 세상이다. 시민 혁명의 결과에 기반해 구태의연한 신분이 해체된 듯 보였지만 돈, 교육, 인맥, 권력에 기반한 새로운 신분 제도가 생겨났다. 이 새로운 신분 제도의 벽은 과거보다 더욱 견고하고 점점 더 철옹성으로 변해 파괴할 수 없게 되었다. 고등학교를 졸업하고 대학을 졸업하고도 적성에 맞는 적당한 직업을 찾을 수 없다. 변변찮은 직업을 구했다 해도, 안정적이지 못해 언제 그만두어야 할지 모른다. 불안한 심정을 완화하기 위해 정치 대신 행정이 나서고 있다.

지금의 시대는 꿈을 잃어버린 희망 상실의 시대이자 불안하고 초조한 절망의 시대다. 그러나 분명 대안은 있다. 시민이 참여하는 정치를 활성화하는 것이다. 행정이 제공하는 복지 서비스에 만족하는 시민이 아니라, 자신이 요구하는 것을 적극적으로 추구하는 시민. 그런 시민들이 정치 과정에 적극적으로 개입하고, 그 개입을 통해 자신의 이익을 관철하는 것이다. 혼자 잘 먹고 잘살기 위해 미친 듯이 노력하는 것이 아니라, 다 같이 잘 먹고 잘살기 위해 정치 과정에 적극적으로 개입해야 한다.

4. 나는 접속한다, 고로 존재한다
—검열 시대

　　　　　　　1,000원으로 1시간을 가장 재미있
게 보낼 수 있는 방법은 무엇일까? 1,000원으로는 당구장은
문턱도 넘을 수 없다. 만화책을 보기에도 조금 모자란다. 패스
트푸드점을 겨냥한다고 해도 햄버거로 배를 채우는 것은 어림
도 없고(게다가 햄버거를 먹는 일은 5분이면 끝난다) 그저 커
피 한 잔 달랑 사서 1시간 동안 죽치고 있는 것밖에 할 수 없
다. 수다 떨 상대가 있는 것도 아니니 이 역시 재미있는 일은
아니다. 버스를 타고 종점까지 갔다가 돌아오려 해도 돈이 모
자라고, 지하철 2호선을 타고 한 바퀴 도는 것은 가능하긴 하
겠지만 재미있는 일은 아니다.

　사람마다, 주어진 조건에 따라, 1,000원으로 1시간을 가장
재미있게 보낼 수 있는 방법은 다를 수 있다. 하지만 'PC방에
가는 것'은 누구에게나 대체로 꽤 그럴듯한 답이 될 것이다.

1,000원만 있으면 여름에는 시원하고 겨울에는 따뜻한 PC방에서 1시간 동안 마음대로 게임도 하고, 인터넷을 통해 정보도 찾고, 만날 수 없는 친구들과 수다도 떨 수 있다. 단골 PC방이거나 마음 좋은 주인이 있는 곳이라면 10분 정도는 더 놀 수도 있고 싸구려 커피 한 잔을 대접받을 수도 있다. 더구나 '하라는 공부는 안 하고 게임만 한다'는 엄마의 잔소리를 들을 일도 없다. 붉은색 바탕 위의 도산서원에서 조용히 웃고 있는 퇴계 이황 선생 하나가 이보다 더 가치 있게 쓰일 곳이 어디 있을까?

단돈 1,000원으로도 즐길 수 있는 정보의 바다, 접근하기 쉬우면서 많은 즐거움을 제공해주는 인터넷. 이번에는 이 인터넷에 대해 이야기해보자. 인터넷에 드리워져 있는 현대 정치의 어두운 그림자는 어떤 것일까?

무형의 공화국, 인터넷

인터넷이 없는 생활을 생각할 수 있을까? 정보를 구하고 싶을 때 가장 먼저 손이 가는 곳이 인터넷이다. 책, 옷, 신발, MP3, 컴퓨터, 캠코더, 화장품 등 각종 물건을 사려고 할 때 가격을 비교해보는 곳도 인터넷이고, 심지어 인터넷에서 먹을거리도 산다. 직업을 구할 때도 인터넷을 이용하고, 숙제할 때 도움을 받는 곳도 인터넷이다. 이뿐만이 아니다. 인터넷에는 재미도 있다. 게임도 할 수 있고, 놓치고 못 본 텔레비전 프로그램도 볼 수 있다. 오늘날 인터넷은 가히 인간과 함께 살아 숨 쉬는 존재라 할 만하다.

하루에 한 번쯤 인터넷에 접속하지 않으면 불안하다. 틈만 나면 메일을 확인해야 직성이 풀린다. 수시로 인터넷으로 신문을 읽고 연예란과 스포츠난을 읽어야만 남들에게 뒤지지 않을 것만 같다. 메신저를 사용하지 않으면, '싸이질'을 하지 않으면 '왕따'당하는 느낌이 든다. 하루라도 온라인 게임을 하지 않으면 손이 근질근질하고 머리가 묵직하다.

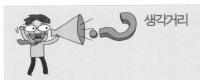
생각거리

다음은 '나는 접속한다, 고로 존재한다'에 걸맞은 인터넷 시대의 괴담이다. 이 글을 읽고 인터넷과 정보화가 초래할 위험에 대해 생각해보자.

2002년 11월 어느 날 밤, 쉰다섯 살인 은퇴 공무원 짐 설커스가 잠자리에서 사망했다……그러나 설커스의 죽음은 아테네 올림픽이 막바지로 치달았던 2004년 8월 25일까지도 세상에 드러나지 않았다. 이상하다고 생각한 이웃의 신고로 출동한 경찰은 아파트 2층 창문을 뚫고 들어가 미라로 변한 시신을 발견했다……그의 죽음이 그토록 뒤늦게 알려진 더 큰 이유는 다름 아닌 테크놀로지, 즉 '자동화된 뱅킹' 때문이었다. 다발성경화증을 앓고 있던 그는 장애 연금을 받고 있었지만, 연금이 그의 은행 계좌로 매달 자동 지급되었으므로 그는 딱히 은행원을 만날 일이 없었다. 아파트 관리비도 그의 계좌에서 자동 이체되었다. 각종 공과금 또한 그의 죽음과는 무관하게 변함없이 자동으로 납부되었다……설커스의 죽음은 으스스한 하나를 선연히 일깨운다. 온라인 뱅킹과 같은 신기술이 직접적인 대인 접촉의 필요성을 현저히 줄임으로써, 개개인과 관련된 온갖 업무가 본인 없이도 자동으로 한동안, 어쩌면 영원히 처리될 수 있다는 사실이다. "설커스는 그의 죽음 뒤에도 20개월 동안 테크놀로지를 통해 '가상으로' 살아 있었던 셈이다."

—《시사저널》781호(2004년 10월 14일), 40

웬만한 컴퓨터 한 대와 인터넷 전용선만 있으면 우리는 어디든 갈 수 있고, 누구든 만날 수 있고, 무엇이든 찾아낼 수 있다. 인터넷 안에는 정치, 경제, 사회, 문화, 행정, 예술 등 없는 것이 없다. 인터넷은 '노사모'의 예에서 보듯이 정치의 중심이 되기도 한다. 인터넷에서는 이윤을 창출하는 거래가 이루어지며, 어떤 상품은 현실 세계보다 인터넷에서 더 잘 팔리기도 한다. 인터넷에서는 음악과 미술을 포함한 모든 예술이 활동하고 있다. 인터넷 안에서는 취미, 나이, 관심 등에 따라 각종 카페(이는 일종의 사회다)가 형성된다. 인터넷에는 없는 것이 없다.

심지어 인터넷 안에는 총과 미사일로 무장하지 않은, 자발적 정보 군대가 있다. 인터넷 속에 구성돼 있는 온라인 군대는 현실 세계가 의롭지 못한 행동을 하면 그에 맞서 전쟁을 벌인다. 그들은 밤과 낮을 가리지 않고 한꺼번에 홈페이지에 접속하여 전산망을 다운시킬 수도 있다.

인터넷 안에서는 누구나 주인이 될 수 있고, 누구나 자기 집을 만들 수 있고, 누구나 다른 사람들과 1촌 관계를 맺을 수 있다. 인터넷에서 사는 사람은 시티즌citizen이 아니라 인티즌intizen 또는 네티즌netizen이며, 그들에게는 지켜야 할 최소한의 의무인 네티켓netiket이 있다. 네티켓을 지키지 않는 네티즌들은 따돌림을 당한다. 따라서 인터넷은 물리적 영토는 없지만 전 세계의 모든 인터넷 사용자를 시민으로 하는, 세계에서 가장 큰, 활력이 넘치는 공화국이다.

인터넷 공화국의 시민은 인터넷 이용자들이다. 그들이 정보

인터넷에서의 삶과 현실의 삶이 심하게 섞여들고 있어 혼란스럽다. 인터넷 게임의 무기를 얻기 위해 현실에서 돈 거래가 이루어지고, 심지어 폭력과 살인도 벌어진다. 또 인터넷에서 맺은 관계가 현실에서의 관계로 나타나기도 하고, 현실의 관계를 유지하기 위해 인터넷을 이용하기도 한다. 우리는 인터넷에서의 삶을 위해 현실의 삶을 살아가는 것일까, 현실의 삶을 위해 인터넷을 이용하는 것일까?

를 제공하고 이용하면서 인터넷 세계를 만들어간다. 인터넷 공화국에서는 현실 세계의 성별도, 나이도, 피부 색깔도, 지위도, 학력도, 경제 수준도 아무런 영향력을 발휘하지 못한다. 인터넷 공화국은 국경을 초월한 완전한 평등의 공화국이다. 인터넷 공화국은 '사이버스페이스 독립선언문'을 통해 현실 세계로부터의 독립을 선언했고, 시민들에게 자유와 평등을 줄 것을 선언했다.

 생각거리

　다음은 1996년 미국에서 청소년을 보호하기 위한 통신관련품에 대한 위법 논란이 일었을 때, 전자프론티어재단 설립자인 발로John Perry Barlow가 사이버 세상에서의 민주주의를 위해 제안한 '사이버스페이스 독립선언문' 이다. 이 글을 읽고 미국의 독립선언문, 프랑스의 인권선언문, 우리나라의 2·8독립선언문과 어떤 공통점과 차이점이 있는지 생각해보자. 또한 이 선언문의 가장 큰 문제점은 무엇인지 생각해보자.

사이버스페이스 독립선언문

　산업 세계의 정권들, 너희 지겨운 육신과 고철을 입은 거인들아, 나는 새로운 마음의 고향 사이버스페이스에서 왔노라. 미래를 대신하여, 너희 과거의 유물들에게 명령하노니 우리에게 간섭하지 마라. 너희는 우리에게 환영받지 못한다. 너희는 우리가 함께하는 곳에서 아무런 주권이 없다.

우리는 선거로 뽑은 정부를 갖지 않으며, 갖지도 않을 것이다. 그러므로 나는 자유 그 자체가 가진 권한이 언제나 대변하는 것보다 크지 않은 위엄으로 너에게 말한다. 나는 우리가 건설하고자 하는 전 지구적 사회 공간은 네가 우리를 누르고자 하는 독재들로부터 당연히 독립되었음을 선언하노라. 너희는 우리를 통치할 어떤 도덕적 권리도 갖고 있지 않으며, 너희는 우리가 경외할 만한 진정한 이유를 지닌 어떤 강제할 방법도 소유하고 있지 않다……너희는 우리의 위대하며 함께하는 대화에 참여하지 않았으며, 너희는 또한 우리 시장들의 부를 창조하지도 않았다. 너희는 우리의 문화, 우리의 윤리 또는 불문율을 모르며, 그것들은 이미 너희가 부과하여 얻을 수 있는 어떤 것들보다도 많은 질서를 우리의 사회에 구축했다……우리는 우리 자신의 사회 계약을 이루어나가고 있다. 이런 통치법은 너희의 조항들이 아니라 우리의 세상의 조항들에 의해서 일어날 것이다. 우리의 세상은 다르다.

사이버스페이스는 우리 커뮤니케이션의 웹에서 일어나는 물결처럼 배열되는 거래들, 관계들, 그리고 사상 그 자체로 이루어진다. 우리의 세상은 동시에 어디에나 있으며 아무 데도 없다. 그러나 육신들이 머무는 곳이 아니다.

우리는 인종, 경제력, 군사력 또는 출신 성분에 따른 특권 또는 편견 없이 모두가 들어갈 수 있는 세상을 창조하고 있다. 우리는 누구나 어디에서나 자신의 신념들을 표현할 수 있으며, 아무리 혼자라도 침묵과 동조를 강요당할 두려움이 없는 세상을 창조하고 있다. 소유, 표현, 신분, 운동, 그리고 구실들에 대한 너희의 법적 개념은 우리에게 적용되지 않는다. 그것들은 물질을 기반으로 한다. 그러나 이곳에는 물질이 없다……너희는 미국에서 오늘 통신 개혁법안을 만들었다. 그것은 너희 자신의 헌법을 부정하고 제퍼슨, 워싱턴, 밀, 매디슨, 토크빌, 그리고 브랜다이스의 꿈을 모욕하는 것이다. 이제 이 꿈은 우리 안에서 반드시 다시 태어나야 한다……중국, 독일, 프랑스, 러시아, 싱가포르, 이탈리아, 그리고 미국에서, 너희는 사이버스페이스의 국경에 파수대들을 세움으로써 자유의 바이러스를 차단하려고 한다. 이렇게 함으로써 잠시 동안은 전염을 막을 수 있을 것이다. 그러나 비트를 담고 있는 매체에 의해서 곧 뒤덮일 세상에서는 그것들이 효력이 없을 것이다……우리는 사이버스페이스에 마음의 문명을 창조할 것이다. 그것은 이전에 너희 정부들이 세상에 만든 것보다도 더욱 인간적이며 공평한 것이 되기를 기원한다.

—1996년 2월 8일, 스위스 다보스

미국 헌법의 아버지로 불리는 매디슨James Madison은 미국 연방제를 이론적으로 정초한 인물로, 미국 제4대 대통령을 지냈다. 브랜다이스 Louis Brandeis는 1907~1914년에 최저 임금법의 합헌성을 주장했으며, 유대인으로는 처음으로 미국 연방 대법관을 지냈다.

인터넷의 검열자, 빅 브라더

절대 평등과 완전 평등이 작동하는 곳이라는 인터넷. 인터넷은 정말 그런 곳일까? 이상과 달리 현실은 그렇지만은 않다. 오히려 절대 평등보다는 아주 엄격한 불평등이 존재하는 곳이 인터넷이다.

인터넷의 기원은?
1969년에 미국 국방성이 미국의 4개 대학을 연결하기 위해 구축한 아파넷ARPANET이 인터넷의 기원이다. 후일 군사적 목적의 밀리넷MILINET과 일반인 이용 목적의 알파넷ALPA-NET으로 분리되었다. 미국 국립과학재단NSF도 1986년에 미국 내의 5개 슈퍼컴퓨터 센터 간의 상호 접속을 위해 엔에스에프넷NSFNET이라는 통신망을 구축해 운영하기 시작했다. 1987년에는 엔에스에프넷이 아파넷을 대신해 인터넷의 근간망 역할을 했다. 이후 인터넷이 본격적으로 자리를 잡게 되었다.

인터넷에 불평등이 존재하는 것은 첫째, 언어 때문이다. 개인용 컴퓨터를 처음 상용화한 국가는 미국이다. 컴퓨터 언어를 만든 국가도 미국이므로 컴퓨터 언어도 영어다. 따라서 컴퓨터 소프트웨어와 지적 재산권을 가장 많이 수출하는 국가도 당연히 미국이다. 전 세계 홈페이지의 70% 이상이 영어로 구성되어 있으며, 전자 상거래 사이트의 90% 이상이 영어로 돼 있다. 또한 인터넷에 떠도는 정보의 약 80%가 영어로 돼 있다. 하다못해 아이디와 패스워드도 한글로 입력할 수 없으며, 고급 정보를 얻고 외국 전자 상거래 사이트를 이용하려면 영어가 필수다. 컴퓨터 프로그래머가 되고 관련 소프트웨어를 만들어 팔기 위해서도 영어는 필수다. 많은 사람들이 우려하는 것처럼 소수 민족과 작은 국가들의 언어는 컴퓨터의 보급과 인터넷의 발달로 머지않아 정말 소멸될지도 모른다. 반면 정보를 많이 소유한 언어일수록, 정보를 많이 소유한 국가일수록 세계에 대한 지배력은 강화된다.

둘째, 인터넷에 불평등이 존재하는 것은 전 세계 인터넷을 관리하는 곳이 미국이기 때문이다. 현실이 이런데도 과연 인터넷이 국경과 이념을 초월한 평등한 공화국일까? 더구나 전 세계 인터넷의 서버를 관리하는 곳도 인터닉INTERNIC이라는 미국의

신경 쓰지 말고 하던 것 계속해~

누, 누구세요?

빅 브라더라고… 들어는 봤나?

회사다. 프랑스의 시라크 대통령이 인터넷을 "앵글로색슨의 네트워크"라고 표현한 것도 이런 맥락에서다.

셋째, 인터넷에 불평등이 존재하는 것은 인터넷을 통제하고 감시하는 '빅 브라더'가 존재할 가능성이 있기 때문이다. 빅 브라더가 될 가능성이 있는 대표적인 존재는 국가다. 국가는 정보의 바다를 끊임없이 감시하고 검열한다. 그래서 반국가적인 사상을 가진 불온한 사이트를 가지 말아야 할 곳으로 규정하고, 이를 어기는 사람을 처벌한다. 또한 포르노 같은 선정적인 내용을 유포해서는 안 된다고 규정하고, 이를 어기는 사람을 처벌한다. 때로 국가는 수사 기관을 동원해 개인이 이용한 정보까지 세밀하게 조사하기도 한다. 예를 들어, 한 국회의원(김영환 의원)의 주장에 따르면 1997년에 통신 서비스 업체가 수사 기관에 개인 정보 16만 2,800여 건을 넘겨주었으며, 그중 12만 9,158건이 경찰청으로, 2만 6,213건이 검찰로, 4,190건이 안기부로, 3,253건이 군기무사로 넘어갔다.

인터넷에서 빅 브라더는 쉽게 전지자가 될 수 있다. 현실 세계의 편지 검열은 극히 제한적으로 이루어질 수밖에 없지만 전자 메일에 대한 검열은 마음만 먹으면 얼마든지 깊숙한 부분까지 침투할 수 있기 때문이다. 현실 세계에서는 사람들이 어떤 회합을 갖고 거기서 어떤 논의를 하는지, 앞으로 어떤 행동을 할 것인지 검열하는 것이 힘들지만, 인터넷에서는 특정 단체의 회원으로 가입만 되어 있으면 그 단체의 활동 전체를 꿰뚫어 볼 수 있기 때문이다. 또한 현실 세계에서는 한 개인의 활동 반경을 파악하기 위해서는 엄청나게 많은 스파이를 활용해야

빅 브라더Big Brother는 오웰George Orwell의 《1984 Nineteen Eighty-Four》에 나오는 인물이다. 이 소설에서 빅 브라더는 텔레비전과 카메라가 결합된 텔레스크린을 통해 심지어 개인의 화장실까지, 인간의 의식까지 감시하고 통제한다.

하지만 인터넷에서는 그가 주로 어떤 사이트에 들르는지 쉽게 알아낼 수 있기 때문이다.

이러한 빅 브라더의 그림자 때문에 네티즌들이 은연중에 자기 검열을 하기도 한다. 인터넷에 글을 올리기에 앞서 이 글이 경찰이나 국정원에 걸릴 만한 것은 아닌지, 통신망의 모니터링 요원에게 걸릴 만한 것은 아닌지, 동호회 시삽이 삭제할 만한 글은 아닌지 스스로 검토해보게 되는 것이다. 빅 브라더의 끊임없는 감시는 암암리에 개인에게 자기 검열을 강요하고, 사회와 국가에 적합한 형태로 자신을 표현하도록 유도할 위험이 있다.

그렇다면 어떻게 할 것인가? 인터넷을 끊을 것인가? 그러나 이미 우리는 인터넷 없는 거래, 인터넷 없는 정치, 인터넷 없는 생활은 생각할 수도 없는 상황에 와 있다. 한마디로 개인의 차원에서건 사회와 국가의 차원에서건 이제는 인터넷 없이는 살 수가 없는 것이다. 인터넷을 끊을 수 없다면 빅 브라더를 극복할 방법을 모색해야 한다. '인터넷 사용 시간을 줄이자' 따위의 교과서적인 캠페인으로 해결될 일은 아니다. 중요한 것은 국가를 상징하는 빅 브라더와 네티즌의 관계를 재정립하는 것이다. 국가는 네티즌의 실질적 권리인 자유를 보장해야 하고, 네티즌은 국가가 빅 브라더의 역할을 하면 언제든지 이를 막을 수 있도록 저항하는 것이다.

 생각거리

다음은 청소년보호법 제10조와 전기통신사업법 제53조다. 두 법령을 읽고 인터넷 시대에 국가가 개인의 권리를 어느 정도 침해할 수 있는지, 거꾸로 개인은 왜 권리를 침해당해서는 안 되는지를 생각해보자.

청소년보호법 제10조(청소년 유해 매체물의 심의 기준)

① 청소년보호위원회와 각 심의 기관은 제8조의 규정에 의한 심의를 함에 있어서 당해 매체물이 다음 각호의 1에 해당하는 경우에는 청소년 유해 매체물로 결정하여야 한다.
1. 청소년에게 성적인 욕구를 자극하는 선정적인 것이거나 음란한 것
2. 청소년에게 포악성이나 범죄의 충동을 일으킬 수 있는 것
3. 성폭력을 포함한 각종 형태의 폭력 행사와 약물의 남용을 자극하거나 미화하는 것
4. 청소년의 건전한 인격과 시민 의식의 형성을 저해하는 반사회적 · 비윤리적인 것
5. 기타 청소년의 정신적 · 신체적 건강에 명백히 해를 끼칠 우려가 있는 것
② 제1항의 규정에 의한 기준을 구체적으로 적용함에 있어서는 현재 국내 사회에서의 일반적인 통념에 따르며 그 매체물이 가지고 있는 문학적 · 예술적 · 교육적 · 의학적 · 과학적 측면

빅 브라더뿐만 아니라 리틀 브라더Little Brother에도 주목해야 한다. 빅 브라더가 국가를 상징한다면, 리틀 브라더는 정보를 능동적으로 생산하는 동시에 상대적으로 많이 소유하고 있는 계층이다. 이들은 더 많은 정보를 통해 더 많은 돈을 벌 수 있는 가능성을 지니고 있다. 리틀 브라더가 생기는 것은 정보에 대한 접근에 있어서도 부익부 빈익빈 현상이 나타나기 때문이다. 즉 돈이나 지식을 많이 가진 계층일수록 정보에 대한 접근이 더 용이하기 마련이므로 이런 계층은 계속해서 더 많은 정보를 소유하게 된다. 따라서 정보 사회에서도 정보 사회 이전의 기득권 구조가 그대로 존속된다.

과 그 매체물의 특성을 동시에 고려하여야 한다.

전기통신사업법(제53조 불법 통신의 금지 등)

① 전기통신을 이용하는 자는 다음 각호의 행위를 하여서는 아니 된다.

1. 음란한 부호·문언·음향·화상 또는 영상을 배포·판매·임대하거나 공연히 전시하는 내용의 전기통신

2. 사람을 비방할 목적으로 공연히 사실 또는 허위의 사실을 적시하여 타인의 명예를 훼손하는 내용의 전기통신

3. 공포심이나 불안감을 유발하는 부호·문언·음향·화상 또는 영상을 반복적으로 상대방에게 도달하게 하는 내용의 전기통신

4. 정당한 사유 없이 정보통신 시스템, 데이터 또는 프로그램 등을 훼손·멸실·변경·위조하거나 그 운용을 방해하는 내용의 전기통신

5. 청소년보호법에 의한 청소년 유해 매체물로서 상대방의 연령 확인, 표시 의무 등 법령에 의한 의무를 이행하지 아니하고 영리를 목적으로 제공하는 내용의 전기통신

6. 법령에 의해 금지되는 사행 행위에 해당하는 내용의 전기통신

7. 법령에 의해 분류된 비밀 등 국가 기밀을 누설하는 내용의 전기통신

8. 국가보안법에서 금지하는 행위를 수행하는 내용의 전기통신

9. 범죄를 목적으로 하거나 교사 또는 방조하는 내용의 전기통신

제3장
자본주의의 그림자

모든 공정은 완전 자동이다. 1초보다 짧은 시간만큼도 틀리지 않고 정확하게 공정을 처리하는 로봇이 쉼 없이 작업을 하고 있다. 생산의 자동화, 인간의 노동 없이 상품이 쑥쑥 만들어지는 것, 이것은 인간이 꿈꿔온 일 중의 하나다. 노동에는 육체적 고통이 따르기 마련이기 때문이다. 그러나 막상 그 꿈이 실현되어 노동자 한 명 보이지 않고 기계만 부드럽게 움직이는 공장을 쳐다보고 있으면 알 수 없는 두려움이 느껴진다. 왜 그럴까?

경제적 자유를 바탕으로 부단히 이윤을 추구한 새로운 계급인 시민에 의해 산업 혁명이 이루어졌다. 산업 혁명은 인류 역사에서 인간의 물질적 풍요에 가장 크게 기여한 사건이며, 산업 혁명을 통해 자본주의 경제가 확립되었다. 그런데 생산 활동을 통해 끊임없이 더 많은 부를 창출하고자 하는 속성을 지닌 자본주의는 이후 수많은 문제들을 토해내기 시작했다. 더 많은 물질적 풍요를 누리기 위해 국가 간의 약탈적인 전쟁이 끊이지 않았으며, 늘어가는 공장들이 배출하는 연기와 폐수로 환경 오염이 심각해졌다. 지나친 풍요가 정신적 공황을 초래하고, 물질적 풍요만으로는 살 수 없다는 것을 보여주기라도 하듯 사람들은 스스로 생을 마감하는 극단적인 선택을 하기도 했다. 또 부자는 점점 더 부유해지고 가난한 사람은 점점 더 가난해지는 부익부 빈익빈 현상이 나타났다. 이런 현상은 국가 간에도 나타나, 부자 나라는 점점 더 잘 살게 되고 가난한 나라는 점점 더 못살게 되었다.

이런 식의 자본주의의 폐해는 오늘날까지 변함없이 이어져 왔다. 이번 장에서는 오늘날 이런 자본주의의 그림자가 던져주는 문제들 중 최근에 나타난 현상을 중심으로 다루어보고자 한다. 크게 다음과 같은 문제들이 될 것이다. 첫째, 이주 노동자와 관련된 문제다. 사람들은 단순히 생계를 유지할 일자리를 찾기 위해서, 혹은 좀더 잘살 방도를 찾기 위해서 타지로, 타국으로 일을 찾아 나서기도 한다. 그런데 이런 이주 노동자들은 사회에 다양한 파장을 몰고 온다. 둘째, 실업의 문제다. 산업 혁명 이래 가속화된 기계화와 기술 발달은 노동하는 사람들에게서 육체적 고통을 덜어주고 생산성을 높이는 데 그치지 않고 인간에게서 일자리를 빼앗기에 이르렀다. 셋째, 기업 도시 계획의 문제다. 자본주의가 발달한 나라일수록 도시가 화려해진다. 그러나 그 도시의 화려함은 빈곤, 주거 환경 악화와 같은 독을 품고 있다. 최근 기업이 투자의 근거로 요구하는 기업 도시와 관련해 이러한 문제들을 살펴볼 수 있다.

1. 오늘도 걷는다마는……
—이주와 유랑의 역사

비어가는 농촌

도시 학생이 혼자서 시골길을 걷게 된다면 어떤 기분이 들까? 예나 지금이나 '무섭다'고 느낄 것이다. 과거에는 시골 사람들의 텃세 때문에 무서웠고, 지금은 너무 적막해서 무섭다.

옛날이라면 이런 식이었을 것이다. 25년 전쯤의 어느 날 도시 학생 하나가 볼일이 있어 어떤 시골 마을에 내렸다고 해보자. 나이도 가늠이 안 되고 좋은 사람인지 나쁜 사람인지도 분간이 안 되는 동네 총각들이 정류장 주변에 모여, 담배를 입에 물고 두 손을 주머니에 넣고 어깨를 잔뜩 움츠린 채 시시덕거리고 있다. 그들이 도시 학생을 보고는 다짜고짜 반말로 "야! 너, 어디 가?" 한다. 겁먹은 도시 학생의 입에서 "저요?" 하고 냉큼 존댓말이 튀어나오고, "심부름으로 ○○네 집에 가요" 하고 질문 내용 이상의 상세한 대답이 튀어나온다. 긴장하며 돌아서는 도시 학생의 뒤에서 청년들의 웃음소리가 들린다.

그렇다면 지금은? 낯선 시골길에 내려 목적지를 찾아가는 도시 학생이 있다고 해보자. 길을 묻고 싶은데 걸어도 걸어도 사람이 보이지 않는다. 뜨거운 햇살이 소란스럽게 느껴질 만큼 주변이 적막하다. 마을에 이르렀는데, 초입에 있는 집은 사람이 살지 않는 집인지 곧 쓰러질 것만 같은 형상이다. 멀리서 사람이 한 명 나타나 다가오는데, 허리가 몹시 굽은 노인이다.

시골에서 젊은이들이 자취를 감춘 지 오래다. 그래서 흰머리가 나기 시작한 40대 초반도 시골에서는 청년이라고 한다. 왜 이렇게 됐을까? 젊은이들은 모두 도시로 나가 살고 있기 때문이다. 그러니 시골 마을들은 텅텅 비어가는 데 반해 도시 인구는 늘어만 간다. 서울특별시의 인구는 1,000만 명을 훌쩍 넘었으며, 수도권에만 2,000만에 가까운 사람이 살고 있다. 다른 주요 도시들도 부산 400만, 대구 250만, 광주 140만, 대전 150만, 울산 100만 등의 인구를 기록하고 있다. 전체적으로 본다면 우리나라 인구의 85% 가까이가 도시에 살고 있는 것이다.

도시에 이렇게 많은 인구가 살다 보니 예상치 못한 부작용들이 발생한다. 대표적인 것이 추석과 설날의 귀성 전쟁이다. 사람들은 왜 정든 고향을 등지고 도시로 꾸역꾸역 몰려드는 것일까? 이는 산업 혁명 이래 계속돼온 현상이다. 산업 혁명의 역사는 곧 도시 성장의 역사다. 한편 산업 혁명의 역사는 정든 고향을 등지는 이주의 역사이며, 산업 혁명 직전에 일어난 인

우리나라에서는 인구 20,000명 이상이 살고 있는 읍 이상의 행정 단위를 도시로 규정한다.

클로저가 그러한 이주의 기원이 되었다. 인클로저로 인해 농촌에서 쫓겨난 농민들은 먹고살 수 있는 유일한 방법인 노동자가 되기 위해 도시로 흘러 들어갔다. 도시로 들어간 농민들은 빈민이 되었으며, 도시에 빈민촌을 형성했다. 그들은 자본주와 경영주의 이익의 극대화를 위한 저렴한 노동자가 되었다. 도시는 더 많은 값싼 인력을 계속 필요로 했으므로 농촌에서 흘러나오는 농민들을 계속 빨아들였다. 그 결과 농촌에는 농사를 지을 최소 인구를 제외하고는 더 이상 사람이 살지 않게 되었다. 이러한 인구의 도시 집중은 산업화에 일반적으로 수반되는 현상이다.

　우리나라의 경우도 예외가 아니다. 정부 수립 후 처음 실시된 1949년의 인구 조사에서는 전체 인구 2,000여 만 명 중 도시 인구가 28.7%, 농촌 인구가 71.3%로 나타났다. 그러나 2002년 인구 조사에서는 전체 인구 4,800여 만 명 중 도시 인구가 88.5%이고 농촌 인구는 11.5%에 불과했다. 해를 거듭할수록 도시 인구는 급격하게 증가하고 농촌 인구는 급격하게 감소해온 것이다. 그 결과 도시는 온갖 부작용을 앓게 되었고 농촌은 적막강산이 되었다.

도시 인구와 농촌 인구의 변동 추이

	전체 인구 (단위 : 천 명)	도시 인구 (단위 : %)	농촌 인구 (단위 : %)
1949	20,189	28.7	71.3
1955	21,500	33	67

1960	24,989	39.2	60.8
1970	31,435	50.1	49.9
1980	37,449	68.7	31.3
1985	40,467	74.3	25.7
1990	43,390	81.9	18.1
1995	45,982	85.5	14.5
2000	47,964	87.7	12.3
2002	48,418	88.5	11.5

다른 나라로, 세계로

산업 혁명 이래 계속돼온 이주의 역사는 이제 농촌과 도시 사이에서만 이루어지는 것이 아니다. 국가와 국가 간의 이주의 역사도 시작되었다. 가난한 나라의 노동자는 자국에서 일거리를 찾지 못해, 좀더 잘사는 다른 나라로 흘러든다. 잘사는 나라의 사업주는 어떤 험한 일에도 싼값에 기꺼이 노동력을 제공하는 외국인 노동자를 필요로 한다. 양자의 요구가 맞아떨어지면 폭발적인 인구 이동이 이루어진다.

이는 세계 모든 국가에서 일어나는 일이다. 2차 대전 후의 독일과 프랑스가 전형적인 예다. 독일과 프랑스는 전후의 국가 재건과 경제 발전을 위해서 외국의 노동자들을 절대적으로 필요로 했다. 산업이 발전하지 않은 나라의 사람들은 먹고살기 위해 이들 나라의 일자리에 관심을 갖게 되었다. 그 결과 독일과 프랑스에는 많은 이주 노동자들이 유입되었다.

오늘날에 이르러 독일에서는 인구의 10% 정도를 터키, 유고슬라비아, 이탈리아, 폴란드, 크로아티아 등에서 온 외국인들이 차지하고 있다. 프랑스에서는 인구의 약 7%가 알제리인, 모로코인, 터키인, 중국인, 일본인, 베트남인 등의 외국인이다. 국가 발전과 경제 발전을 위해 외국인 노동자들을 받아들인 결과 이렇게 다양한 국가의 외국인과 공존하게 된 것이다.

2차 대전 후 독일과 프랑스는 국가를 재건하는 데 필요한 외국인 노동자들을 유치하기 위해 각종 정책과 법령을 제정했다. 현재 우리나라도 외국인 노동자를 합법화하기 위한 각종 정책과 법령을 제정하고 있다. 이의 공통점과 차이점을 찾아보도록 하자.

1999년 독일의 외국인 인구 현황(단위 : 천 명)

국가	인구
터키	2053.6
유고슬라비아	737.2
이탈리아	615.9
그리스	364.4
보스니아	167.7
폴란드	291.7
크로아티아	214.0
오스트리아	186.1
미국	112.0
마케도니아	49.4
슬로베니아	18.6
기타	2525.5
합계	7336.1

* 1999년 독일의 전체 인구는 74827.4

과거에 우리나라도 노동자를 수출하는 국가였다. 독일의 경제 발전기에 독일인들이 기피하는 광부와 간호사 일을 대신 하고 돈을 벌기 위해 많은 한국인 광부들과 간호사들이 독일로 갔다. 또한 석유 호황에 힘입어 중동 국가들에서 건설 붐이 일었을 때 우리나라의 많은 건설 노동자들이 모래바람이 부는 사막으로 가 돈을 벌었다.

이제 상황이 바뀌어서 우리나라는 외국인 노동자를 수입하는 국가가 되었다. 현재 우리나라에는 조선족과 고려인, 태국인, 필리핀인, 방글라데시인, 인도네시아인, 베트남인, 몽골인 등 약 40만 명의 외국인 노동자들이 들어와 있다. 이는 우리 인구의 약 1%에 해당하는 수다(우리나라에 들어와 있는 외국인 노동자의 수가 정확히 얼마나 되는지는 알 수 없다. 불법 체류자가 상당수 존재하기 때문이다). 그들은 우리의 아버지와 어머니들이 더 많은 기회와 더 많은 임금을 찾아 독일과 중동으로 떠났던 것처럼, '코리안 드림'을 꿈꾸며 한국으로 왔다.

그런데 외국인 노동자들의 존재는 사회에 다양한 파장을 불러일으킨다. 사업주가 가능한 한 싸게 이들의 노동력을 이용하려 하다 보니 이들의 기본적 인권과 노동자로서의 권리가 무시당하기 일쑤다. 외국인 노동자들은 저임금으로 혹사당하고, 유해한 작업 환경 속에 방치되고, 심지어 여성인 경우 성폭행을 당하기도 한다. 그런데도 외국인 노동자들은 딱히 하소연할 곳을 찾을 수 없으며, 설령 하소연을 한다 해도 법과 정책상 기본적으로 불리한 입장을 벗어날 수 없다. 불법 체류자인 경우에는 더더욱 그렇다.

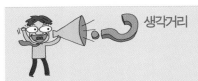 **생각거리**

다음 글은 외국인 노동자들이 산재와 폭행으로 몸을 다친 사례들을 소개한 것이다. 기사를 읽고 외국인 노동자의 다양한 피해 상황을 조사해보자.

"작업 반장에게 다리에 힘이 빠진다고 몇 번 이야기했지만 '일거리가 많이 밀려 있으니 일이나 하라'는 답변을 들었다. 회사가 안전하게 일을 시키지도 않고 아픈 뒤에는 제대로 치료를 해주지 않아 섭섭하다."

이들은 앉은뱅이가 된 몸도 걱정이지만 코앞에 닥친 것은 갚아야 할 채무이다. 이들은 2003년 9월~2004년 1월 사이에 태국 현지의 브로커에게 510만 원을 주고 관광 비자로 입국했다고 한다. 코리안 드림을 안고 한국을 찾아와 토 · 일요일은 물론 야근도 마다하지 않고 일했지만 돈을 벌기는커녕 몸은 병들고 남은 것은 빚뿐이었다.

로차나는 가장 큰 걱정이 빚이라며 어두운 표정을 지어 보였다. 로차나는 "어서 일을 해서 빚을 갚아야 한다. 고향에는 눈이 거의 안 보이는 팔순 노모와 언니가 있다"며 "다리에 힘이 없어 걸을 수 없기 때문에 당장 일을 할 수 없어 걱정"이라며 눈물을 글썽였다……한국에 온 지 1년가량 됐다는 가얀(24)은 18일 "한국 사람 가운데 좋은 사람도 있지만 상당수는 외국인 노동자를 능멸하는 태도를 취한다"며 "태국 여성 노동자들이 산재를 당하고 방치된 것은 한국 사람들의 그런 시각 때문에 발생한 문제라고 생각한다"

고 꼬집었다.

가얀은 또한 "전에 일하던 공장에서 불법 체류자라는 약점 때문에 월급의 반밖에 받지 못했다"면서 "고향으로 가고 싶지만 비행기표를 살 돈도 없고 벌금이 무서워 돌아갈 수도 없다"며 한숨을 쉬었다.

자이락(37)은 "점심 시간에 회사에서 넘어져 이가 부러졌는데 산재 처리를 해주지 않았다"며 "돈을 많이 벌 수 있다고 해서 한국에 왔는데 몸은 상하고 일자리는 구하지 못했다. 한국이 친절한 나라로 알고 왔는데 와서 보니 사실과 다르다는 것을 느꼈다"고 실망감을 표시했다.

유학회(37) 씨는 지난 2003년 6월 회사 관리자가 권하는 술을 거부했다가 폭행을 당해 뇌를 크게 다쳤다고 하소연했다. 유씨는 "치료를 해주지 않은 상태에서 억지로 일을 시켰다"며 "몸이 아파서 일을 제대로 하지 못하고 치료도 받지 못하고 있다. 처음에는 참았는데 갈수록 분노감이 생긴다"고 말했다.

자신들이 겪은 산재와 폭행 등의 어려움을 털어놓은 이들은 "코리안 드림을 포기한 채 고향으로 돌아가고 싶다"고 후회하기도 했다. 하지만 병든 몸과 빚을 안고서는 돌아갈 수도 없는 처지이다. 왜곡된 코리안 드림으로 인해 앉은뱅이가 된 외국인 노동자들은 태국인 여성 노동자 8명만은 아니었다.

—〈오마이뉴스〉, 2005년 1월 19일

너 외국인, 나 외국인

최근 유럽의 분위기가 심상치 않다. 유럽연합의 실업률이 매년 평균 10%를 상회한다. 유럽에 사는 시민들은 일자리가 없다고 난리다. 그들 중 극히 일부는 속죄양을 찾아냈다. 외국인 노동자들 때문에 자신들이 일자리를 구할 수 없다고 주장하는 것이다. 심지어 외국인과 난민에게 폭력을 행사하기도 한다. 이러한 경향에 발맞춰 외국인 혐오를 부추기는 극우 정당이 득세하기 시작했다. 그들은, 저임금을 받으면서도 고된 노동을 마다하지 않은 외국인 노동자들 덕분에 자기 나라가 부유해졌다는 사실을 되돌아보지 않는다. 그들은 자신들이 더럽고Dirty 힘들고Difficult 위험해서Dangerous 하지 않은, 그러나 누군가가 반드시 해야 하는 일을 외국인 노동자들이 대신 해주었다는 사실을 망각해버린다.

외국인 노동자들은 자국 사업주와 외국인 노동자 쌍방의 필요에 의해 생겨난 존재들이며, 어느 나라 사람이든 외국인 노동자 신분이 될 수 있다. 프랑스 사람이 이탈리아에서 노동을 할 수도 있고, 헝가리 사람이 프랑스에서 노동을 할 수도 있다. 대한민국 사람이 컴퓨터 관련 자격증을 가지고 일본, 미국, 유럽에서 취직을 할 수도 있다. 동남아시아 사람들이 한국, 일본, 홍콩에서 일을 할 수도 있다. 따라서 어떤 국가의 시민도 자국의 외국인 노동자에게 적대적인 태도를 취해서는 안 된다. 그들을 동료 시민으로 받아들이고 수용하는 것이 올바른 자세다.

2,300여 년 전 다른 인종과 민족을 동화시키려 했던 알렉산드로스Alexandros의 꿈은 이제 몽상이 아닌 현실이 되었다. 세계화와 지역 통합에 의해 다양한 인종과 민족의 교류가 가속화되면서 끊임없이 새로운 풍속도가 탄생하고 있다. 한편에서는 이러한 현실에 막연한 거부감을 가지거나 이를 이용하는 집단의 존재가 현실을 산산이 부서지는 꿈으로 만들어버리는 것도 현실이다.

 생각거리

다음 세 가지 사례는 가상으로 설정한 것이다. 외국인 노동자에 대해 어떤 입장을 취할 것인가? 그들과 아름답게 공존할 것인가 아니면 추악한 본성을 드러낼 것인가는 우리 자신에게 달려 있다. 다음 글을 읽고, 앞으로 우리 사회가 어떤 방향으로 진행될 것인지 이야기를 나눠보자.

국제 결혼 자녀 출신 반장 급증

한 학년당 2~3명은 기본. 공부도 잘하고 운동도 잘해. 잘생긴 외모도 한몫.

초등학교에서 국제 결혼 부부의 자녀 및 외국인 자녀의 수가 늘어나면서 이들의 반장 진출도 늘고 있다. 서울시 교육청에 따르면 시내 초등학교 반장 가운데 17%가 국제 결혼 부부의 자녀 및 외국인 자녀인 것으로 파악됐다. 안산, 서울 가리봉동 등지에서는 그 수치가 20~30%에 달하는 것으로 나타났다. 피부색이 다른 아이들이 학급 임원으로 선출되는 것은 새로운 일이 아니다. 2001년 학교장 자율로 재외국민, 외국인 자녀의 입학을 허용할 수 있게 된 이후 이 수치는 꾸준히 증가했다. 2004년 전체 결혼 중 8%를 차지했던 국제 결혼의 비중은 올해는 14%까지 늘어나 계속 확대되는 추세다.

혼혈아 왕따, 자살 비행 급증

각급 학교에서 혼혈 학생이 늘어나면서 이들이 동료 학생들로부터 따돌림당하는 것이 심각한 사회 문제가 되고 있다. 외국인 노동자와 한국인 여성 사이에서 태어난 A군(15)은 지난 9일 아파트 화단에서 변사체로 발견됐다. 아파트 옥상에서는 "피부색이 다르다는 이유만으로 매일 두들겨 맞았다"며 "차별 없는 세상으로 가고 싶다"고 밝힌 A군의 유서가 발견됐다. 올 들어 혼혈아 왕따 관련 자살자는 13명으로 늘어났으며 경찰에 접수된 왕따 피해 신고도 하루 평균 10.9건에 이른다.

국수주의자들, 외국인 떠나라며 극렬 시위

'단일 민족을 수호하는 애국 시민 모임'(단수모)은 10일 서울광장에서 1만 5,000명이 모인 가운데 불법 체류자 및 외국인 범죄자

추방 촉구 대회를 열었다. 이 단체는 성명을 통해 "외국인들이 우리의 일자리를 빼앗는 것도 모자라 밀집 주거 지역에 해방구를 만들려 하고 있다"며 "당국의 단속 조치가 없을 경우 직접 응징에 나서는 등 대응책을 마련하겠다"고 밝혔다. 이에 대해 정부는 "정당한 의사 표명과 증거에 입각한 주장은 인정하지만 근거 없는 인종적 비방은 처벌의 대상"이라며 "인종 테러가 일어날 경우 끝까지 추적해 검거할 것"이라고 밝혔다.

—〈국민일보〉, 2004년 12월 10일

2. 너는 벤츠를 타고, 나는 지하철을 타고
—부익부 빈익빈

노동 없는 생산

　　　　　　　기회가 있다면 커다란 대기업 공장
을 견학해보자. 반도체 공장이나 자동차 공장도 괜찮고 음료
공장도 좋다. 최첨단 공장이 어떻게 작동하는지 알게 되어 재
미있고, 운이 좋으면 선물도 받을 수 있다.

　공장 안은 티끌 하나 없이 깨끗하고 기계 돌아가는 소음마저
거의 들리지 않아, 여기가 과연 공장인가 싶을 것이다. 모든
공정은 완전 자동이다. 1초보다 짧은 시간만큼도 틀리지 않고
정확하게 공정을 처리하는 로봇이 쉼 없이 작업을 하고 있다.
이런 광경을 보면 '야, 정말 과학이 많이 발전했구나' 하는 생
각이 든다. 더구나 쉴 새 없이 완제품이 쏟아져 나오는 그 큰
공장에서 비지땀을 흘리며 일하는 노동자를 거의 찾아볼 수 없

다. 이 정도면 놀랍다는 말이 절로 나온다.

　생산의 자동화, 인간의 노동 없이 상품이 쑥쑥 만들어지는 것, 이것은 인간이 꿈꿔온 일 중의 하나다. 노동에는 육체적 고통이 따르기 마련이기 때문이다. 그러나 막상 그 꿈이 실현되어 노동자 한 명 보이지 않고 기계만 부드럽게 움직이는 공장을 쳐다보고 있으면 알 수 없는 두려움이 느껴진다. 왜 그럴까?

디지털 기술 시대의 비극

　　　　　노동의 고통이 완전히 사라진 공장을 보면서 왜 알 수 없는 공포가 느껴질까?

　은행에 저금해놓은 돈을 두 가지 방법으로 찾아보자. 우선 통장을 들고 출금명세서를 작성해보자. 작성을 한 후 은행 직원과 함께 일일이 검토해야 한다. 수표인 경우에는 일일이 도장을 찍어야 하고, 출금 액수가 큰 경우에는 결제 아닌 결제도 필요하다. 이제 카드를 들고 찾아보자. 카드를 단말기에 넣고, 요구하는 비밀번호를 누르고, 십만 원권 수표나 현금으로 찾는다. 전자는 일을 하는 은행원 노동자를 필요로 하지만 후자는 노동자가 단 한 명도 필요하지 않다. 다만 단말기가 필요할 뿐이다.

　다시 한번 은행을 돌아보자. 단말기가 없다면 엄청나게 많은 은행원이 필요할 것이다. 단말기 하나가 최소한 은행원 5~6명에서 많게는 10여 명의 일을 할 것이기 때문이다. 디지털 기술이 도입된 우리가 사는 사회 구석구석을 살펴보자. 버스를 타고 내리는 데에도 단말기만 있으면 된다. 지하철 표를 파는 것도 단말기이고, 표를 받고 들고 나는 것도 자동화되어 있다. 커피를 타주는 것도 시원한 음료를 제공해주는 것도 자판기다. 대형 컴퓨터가 건물 전체를 관리하고, 주식을 사고파는 것도, 물건을 사고파는 것도 인터넷을 통해서 이루어진다. 경전철이나 지하철을 움직이는 데에도 곧 노동자가 필요 없는 시대가된다. 더구나 앞에서 보았듯이 공장에서도 노동자가 점점 줄어들거나 필요 없어진다. 노동을 하는 노동자가 필요하지 않는 영역이 하나씩 늘어날 때마다, 그곳에서 일하던 노동자들은 수천~수만 명씩 줄어들게 된다. 자동화된 기계의 도입은 인간을 고통스러운 노동으로부터 해방시키지만, 대신 인간의 일자리를 빼앗고 실업자로 길거리로 나서게 만든다.

인간의 노동을 필요로 하지 않는 본격적인 자동화 기술을 가능케 한 것은 디지털 기술이다. 디지털 기술은 인간이 오래 전부터 생각해왔던 '고통스러운 노동의 소멸'이라는 꿈을 실현해주었다. 그러나 디지털 기술은 인간을 '일을 하던 노동자'에서 '일할 기회를 갖지 못한 실업자'로 전락시켰다. 그 결과 산업혁명의 역사에서 유래가 없었던 실업의 항구화 현상이 나타나기 시작했다.

그리하여 이제 실업은 선진국에서도 고질적인 문제가 되어가고 있다. 유럽을 예로 들어보자. 1996년에 집계된 유럽 여러 나라의 공식 실업률을 살펴보면 스페인 22.7%, 핀란드 16.4%,

인간의 노동과 동물의 노동의 가장 커다란 차이는? 생각이다. 벌과 개미의 건축 노동은 인간이 따라 할 수 없을 만큼 정교하지만, 본능에 따른 것이다. 반면 인간의 노동은 벌과 개미의 노동에 비해 정교하지는 못해도 노동을 하기 전에 어떻게 만들 것인지를 생각한다. 만약 인간의 노동이 모두 자동화되고, 심지어 생각하고 구상하는 과정마저 자동화된다면 어떻게 될까? 고된 노동을 한 후에 오는 성취감이 사라진 사회에서 인간의 노동은 어떻게 자리 매김될 수 있을까?

벨기에 12.9%, 프랑스 12.4%, 이탈리아 12.2%였다. 독일의 경우에는 공식 실업률이 10.8%로 450만 명이었지만, 독일 노동 운동 단체가 밝힌 비공식 실업자 수는 750만 명에 달했다. 시간이 가도 실업률은 크게 줄어들지 않았다. 독일의 실업률은 2004년에도 10.5% 수준에 머물러 있었으며, 더구나 동독 지역의 실업률은 20%였다. 2005년 현재는 프랑스의 실업률이 10%대이고, 핀란드의 실업률이 9.1%, 유럽 평균 실업률은 9%대다.

20 대 80의 사회

디지털 기술의 탄생은 말 그대로 희망에 찬 새로운 산업 혁명이었다. 디지털 기술은 먼지 하나 없고 항상 온도와 습도가 일정한 깨끗한 공장을 낳았고, 의사 같은 옷을 입고 작업하는 노동자를 등장시켰다. 디지털 기술은 '더 빨리, 더 많이, 더 다양하게'라는 기치 아래 인간의 다양한 욕구를 충족시킬 수 있는 상품들을 만들어낸다. 사람들은 휴대 전화, 컴퓨터, 각종 컴퓨터 게임과 인터넷, 새로운 디지털 가전 제품 등 과거에는 생각조차 할 수 없었던 것들을 만끽할 수 있게 되었다.

그러나 디지털 기술은 사람들에게서 일자리를 앗아갔다. 대다수의 노동자가 비정규직으로 전환되기 시작했다. 1997년에는 임시직·일용직 등 비정규직 노동자의 비중이 우리나라 전체 노동자의 45.5%였으나, 2000년 6월에는 53%를 넘어섰다. 정규직 노동자, 비정규직 노동자, 실업자 간의 간극은 점점 더 벌어져 정규직 노동자는 상대적으로 많은 보수를 받고 비정규직 노동자는 정규직 노동자의 50%에도 못 미치는 보수를 받는다.

디지털 기술의 발전이 가져온 이 불균형한 사회를 흔히 '20대 80의 사회'라고 부른다. 디지털 기술은 이제 더 이상 노동력을 필요로 하지 않는다. 10명 중 2명만 있으면 모든 상품을 생산할 수 있고 양질의 서비스를 제공할 수 있게 되었다. 이 2명은 생산의 주체인 동시에 소비의 주체다. 그들에게 국적은 없다. 다만 생산자이자 소비자로서의 상류층일 뿐이다. 20%에 속하는 노동자들은 노동자라 할지라도 벤츠를 타고 사회의 상류 계층으로 살아갈 수 있지만, 나머지 80%에 해당하는 사람들은 20%가 만들어낸 부에 기생하며 살아가게 된다.

생각거리

다음은 수출이 증가해도 일자리가 늘어나지 않는 기형적인 현상을 지적한 글이다. 높은 자본 투자를 요구하는 신기술의 도입 및 기술의 발전과 일자리의 관계를 생각해보자. 또한 기술의 발전을 부정할 수 없다면, 기술 발전과 일자리 창출이 서로 보완될 수 있는 방법을 생각해보자.

19세기 초 영국에서 기
계를 파괴하는 노동자 운동인
러다이트Luddite 운동이 일어
났다. 당시 노동자들은 새로 도
입된 기계들이 자신들의 일자
리를 빼앗아간다고 생각했으
며, 자신들이 실업자가 되지 않
으려면 기계를 파괴해야 한다
고 생각했다. 오늘날 디지털 기
술의 발달로 실업이 광범위하
게 발생하자 네오러다이트 운
동이 여러 나라에서 일어나고
있다. 네오러다이트 또는 테크
노 러다이트는 물리적 폭력에
의해 디지털 권력을 파괴하거
나 디지털 폭력에 의해 디지털
권력을 파괴하는 형태로 나타
나고 있다.

IT산업 성장이 고용 창출 약화

우리나라의 수출 활황을 주도하고 있는 IT산업이 성장할수록 고
용 창출 능력이 떨어진다는 지적이 나왔다. 산업은행은 최근 발표
한 '우리 경제의 고용 창출력 약화 요인 분석' 자료에서 "IT산업은
높은 생산 증가율에도 불구하고 취업자 증가율은 상대적으로 낮기
때문에 국민경제에서 차지하는 IT산업 비중이 클수록 고용 창출력
에는 부정적인 영향을 줄 것"이라고 분석했다.

IT산업의 취업유발계수(생산액 10억 원당 필요한 취업자)를 보
면 1990년의 36명에서 2000년에는 9.9명으로 줄어 비IT산업(1990
년 43명→2000년 21.6명)에 비해 빠른 속도로 감소하고 있는 것
으로 조사됐다. 또 1998~2002년 국내총생산에서 IT산업 생산은
연평균 24%가 증가한 데 반해 같은 기간 중 취업자는 평균 7.9%
증가에 그쳤다.

특히 설비 투자, 해외 투자, 수출, IT산업 비중과 고용 창출력
증가와의 상관관계를 분석한 기여도 분석표에 따르면 IT산업 비중
이 1990~2003년 고용 창출력을 떨어뜨리는 데 55.7%의 기여를
해 여러 변수 중 가장 큰 영향을 준 것으로 나타났다. 외환 위기
전과 후의 경우 1990~97년에는 IT산업 비중이 고용 창출을 떨어
뜨리는 데 38.6% 기여한 반면 외환 위기 후에는 무려 80.6%로 압
도적이었다.

정부 조사 결과 IT산업이 전체 GDP에서 차지하는 비중은 지난
해 10.7%에서 올 1·4분기에는 12.4%로 껑충 뛰면서 사상 최고
치를 기록했으며 수출 부문에서도 반도체·휴대 전화기·컴퓨터

등 IT 빅3가 전체 수출액에서 차지하는 비중은 2001년 23.6%에서 올해에는 28.0%(1월 1일~5월 20일 기준)로 껑충 뛰었다.

산업은행은 "IT산업 위주의 첨단 업종들은 사람의 손보다 기계나 컴퓨터의 역할이 크기 때문에 고용이 늘지 않게 마련"이라며 "이로 인해 수출이 잘 돼도 잠재 실업층이 쌓이는 고용 없는 성장이 나타나는 것"이라고 설명했다. 고용 창출 능력의 급락을 막기 위해서는 신성장산업의 발굴, 지식기반 서비스업의 육성, 국내 부품 조달의 비중 제고를 위한 IT산업의 기술 혁신이 필요하다고 지적했다.

— 〈국민일보〉, 2004년 9월 3일

키아누 리브스가 주연한 영화〈코드명 J〉는 20 대 80의 사회를 상징적으로 보여 준다. 이 영화에서 대다수 사람은 전자파로 인해 신경 쇠약증에 걸려 고통을 당하고 있다. 전 세계를 지배하고 있는 대기업은 치료제를 발명하지만 이를 공유하려고 하지 않는다. 약을 만드는 방법을 비밀리에 투쟁 본부에 전달하는 임무를 띤 조니와 이를 막으려는 대기업 간의 결투가 영화의 주요 내용이다. 첨단 정보 산업을 토대로 한 이 영화에서 대다수 사람이 사는 모습은 80%의 하위 계층을 연상시킨다.

80%에게는 희망이 없고 절망이 있을 뿐이다. 그들은 노동을 할 직업이 없으므로 이미 오래전에 생산의 즐거움을 상실했다. 그들은 생산에서 오는 대가를 받을 수 없으므로 소비의 즐거움도 잃어버렸다. 그들에게는 먹는 것도, 입는 것도, 잠자는 것도 다 절망의 극단에 속할 뿐이다. 그들은 몸이 아파도 병원에 갈 수 없다. 병원에 간다 할지라도 값싼 치료로 진통을 처방받는 데 그칠 뿐, 정작 아픈 몸이 필요로 하는 치료를 받을 수 없다. 그들은 절망의 공포를 저항으로 발전시킬지도 모른다. 이것을 두려워하는 20%의 상위 계층은 이들에게 값싼 오락거리를 던져주고, 현실의 고통을 잊으라고 한다.

4차 산업의 발명

1차 산업(농업과 수산업 등)에서 엄청나게 많은 인구가 배출되어 대다수 농민들이 유랑의 길을 떠날 때, 그 유랑 인구를 흡수할 수 있는 2차 산업(제조업)이 발전했다. 2차 산업이 노동자를 흡수할 수 있는 역할을 다했다고 판단되었던 시대에 3차 산업(서비스업)이 새로운 노동 인구를 흡수했다. 그러나 지금은 다양한 디지털 기술이 도입된 1차, 2차, 3차 산업에서 노동자들이 대량 방출되고 있지만, 대안이 없다.

노동자들이 남아돌게 되는 것이 어쩔 수 없는 추세라면 이들을 흡수할 대안이 마련되어야 한다. 대안은 바로 새로운 노동

영역을 창출하는 것이다. 새로운 산업, 4차 산업이 필요한 것이다. 부분적인 해소책으로는 지금의 노동 문제를 해결할 수 없다. 따라서 근본적인 해결을 가능케 할 4차 산업을 찾아야만 한다. 그렇다면 4차 산업의 영역은 어디에 있을까. 4차 산업은 어디에서 발명되어야 할까? 바로 이 질문을 던져야 할 때다.

리프킨Jeremy Rifkin은 봉사 활동을 직업으로 인정하고, 봉사 활동의 시간과 노력의 정도에 따라 봉급을 주어야 한다고 주장한다. 봉사 활동이 직업으로 인정되기 위해서는 어떤 조건과 노력이 필요한지, 봉사 활동을 GNP로 환산한다면 어느 정도인지 리프킨의 《노동의 종말》[이영호 옮김(민음사, 2000)] 마지막 부분을 읽고 생각해보자.

3. 마니아, 맨이야
─기업 도시의 명암

A씨의 일생─요람에서 무덤까지

40대 중반의 A씨가 죽었다. 그의 인생을 되돌아본다. 그는 △△기업이 재단으로 있는 △△병원에서 태어났다. 그의 부모는 △△기업이 만든 아파트에서 살았다. 당연히 그도 태어나면서부터 그 아파트에서 살았다. 그는 △△기업이 재단으로 있는 초·중·고등학교를 다녔고, 대학도 △△기업 소유의 △△대학을 다녔다.

그가 대학을 다닐 때 귀가 아프도록 들었던 카세트도 △△기업 제품이었다. 대학 때 한눈팔지 않고 열심히 공부한 결과 그는 남들이 부러워하는 △△기업에 입사했다. 그리고 3년 뒤 직장 동료와 결혼했다. 결혼한 지 10여 년 만에 30평이 넘는 아파트를 구입했다. 그 아파트 역시 △△기업이 지은 것이었다. 그의 집 안은 텔레비전, 냉장고, 에어컨, 전화기, 휴대 전화, 컴퓨터, 세탁기 등 온통 △△기업 제품으로 가득 차 있다. 심지어 달력도 △△기업 홍보용이다. 그의 차도 △△기업 제품이며, 그가 입는 옷도 △△기업 계열사 제품이다. 그가 주로 다니는 백화점은 △△기업 회장의 친인척이 회장과 사장으로 있는 곳이고, 그가 자주 들르는 할인점도 △△기업이 운영하는 곳이다. 그는 한마디로 △△기업 마니아다.

그는 열심히 일해 계속 승진을 해왔으며, 그러다가 과로사했다. 그의 시신이 안치돼 있는 곳은 그가 태어난 △△병원 영안실이다. 영안실에 조문객들이 와 있다. △△기업 동료들과 △△대학 동창들이다. 문득 한 친구가 자조적으로 말한다. "그 친구, 그야말로 요람에서 무덤까지 △△이네. △△이 이 친구한테 훈장이라도 내려야 되는 거 아니야! △△에서 태어나 △

△을 위해 일하다 △△에서 죽었으니까 말이야!"

프로 농구단과 프로 축구단의 비밀

　　앞의 이야기는 가상의 것이지만 충분
히 있음직한 일이다. 가령 현대 관련 기업이 많이 들어서 있는
울산이나 삼성 관련 기업이 많이 들어서 있는 수원에서 태어난
다면 그 가능성이 한층 높다.

'현대시(市)'라고도 불리는 울산광역시를 예로 들어 설명해보자. 우선 현대그룹, 현대오일뱅크, 현대산업, KCC, 현대중공업, 현대자동차 등 현대 관련 기업의 공장들이 울산에 포진하고 있다. 현대에 입사하기 위한 직업훈련소도 울산에 있다. 울산에는 또한 현대에서 일하는 직원들을 위한 아파트 등 현대 관련 주거지가 밀집돼 있다. 또한 이들의 자녀들을 위한 유치원, 초·중·고등학교가 있으며, 심지어 현대 관련 대학과 대학원도 있다. 이런 사립학교의 이사장은 대부분 현대 관련 임원이거나 정몽준 회장이다. 또한 현대 직원들이 아플 때 찾아가는 병원도 현대가 만들었다. 이들이 이용하는 각종 체육 시설, 각종 문화 시설도 현대가 만든 것이다. 이들이 종종 찾는 백화점도 현대백화점이고, 이들이 타고 다니는 자가용이나 버스도 모두 현대 제품이다.

모든 것이 '현대'와 통하는 곳, '현대'를 통하지 않고는 아무것도 할 수 없는 곳이 울산이다. 극단적인 경우 울산에서는 '현대' 관련 병원에서 '현대인'의 자녀로 태어나, '현대인'으로 교육받고, '현대'에 입사하고, '현대' 관련 병원에서 죽는 일이 생길 수도 있다.

기업과 도시의 밀착 상태를 가장 잘 보여주는 것은 바로 기업 연고를 중심으로 운영되는 몇몇 프로 축구단과 프로 농구단이다. 프로 축구단 중 울산 현대 호랑이 축구단, 수원 삼성 블루윙즈 축구단, 포항 스틸러스 축구단이 그렇고, 프로 농구단 중 울산 모비스와 창원 LG 세이커스가 그렇다. 현대 없는 울산은 팥 없는 붕어빵이다. 마찬가지로 삼성 없는 수원, 포항제

철 없는 포항, LG 없는 창원은 생각할 수 없다. 만약 이들 기업이 떠난다면 울산, 수원, 포항, 창원이라는 도시는 휘청거릴 수밖에 없다.

이렇게 기업 중심으로 이루어진 도시에서의 생활은 어떨까? 조금 극단적으로 말하면 다음과 같은 양상을 띨지도 모른다. 우선 한 가정이 아버지의 직업과 직급에 따라 엄격하게 서열화된다. 아버지가 화이트칼라인지 블루칼라인지에 따라 사는 공간이 달라질 수 있으며, 아버지의 직급에 따라 사는 아파트의 평수가 달라질 수 있다.

게다가 부장급 이상의 자식들끼리, 과장급 이상의 자식들끼리, 평사원의 자식들끼리 따로따로 어울리고, 생산직 직원들의 자식들 사이에서도 아버지의 직급에 따라 친구 관계가 형성될 수 있다. 또한 사무직 직원의 아이들끼리, 생산직 직원의 아이들끼리 따로따로 어울리게 될 수도 있다.

정치의 소멸

울산에서 현대는 커다란 성이며, 정주영 회장의 일가는 성주들이다. 그 성주의 보호 아래 수많은 노동자가 모여 살고 있으며, 이들은 현대라는 성을 더욱더 공고히 하기 위해 일한다. 현대라는 기업이 잘되면 잘될수록, 울산이라는 도시가 성장하면 성장할수록 정주영 회장 일가의 지배력은 더 공고해진다.

문제는 이런 지배 구조를 견제해야 할 정치마저도 현대를 중심으로 짜인다는 것이다. 이것은 다른 모든 기업 중심 도시에도 해당되는 말이다. 예컨대 정몽준 의원의 지역구는 현대중공업과 현대자동차 관련 기업이 있는 울산 동구다. 그는 현대라는 지역 기반을 바탕으로 13대에서 17대까지 국회의원에 당선되었다. 또 정주영 회장이 만든 통일국민당이 돌풍을 일으켰던 1992년의 일을 생각해보자. 당시 통일국민당의 차수명 국회의원이 당선되었던 남구는 현대정밀기계공업단지가 있는 곳이며, 차화준 국회의원이 당선되었던 중구는 현대 그룹이 후생 복지 차원에서 만든 복지·문화·교육·서비스 단지가 들어서 있는 곳이다.

기업가 출신 정치인들은 생각보다 많다. 우리가 익히 알고 있는 정주영과 정몽준 부자, 베를루스코니Silvio Berlusconi(이탈리아 총리), 페로Ross Perot(미국 대선 후보), 블룸버그Michael Bloomberg(뉴욕 시장) 외에 볼라뇨스Enrique Bolaños(니카라과 대통령), 탁신Shinawatra Thaksin(타이 총리), 폭스Vicente Fox Quesada(멕시코 대통령) 등도 기업가 출신이다.

제14대 국회의원 선거의 울산시 당선자

	당선자	정당	득표 수	득표율(%)
동구	정몽준	통일국민당	61,263	70
남구	차수명	통일국민당	68,647	52
중구	차화준	통일국민당	50,138	39

대통령 선거에서도 마찬가지다. 현대와 연고가 있는 울산시 중구와 남구는 1992년에 있었던 대통령 선거에서 통일국민당 소속으로 입후보했던 정주영 회장에 대해 전국 평균 지지율 16.1%를 크게 상회하는 지지율을 보였으며, 현대의 주력 기업이 있는 울산시 동구는 그에게 무려 46%의 표를 몰아주었다.

제14대 대통령 선거 당시 주요 후보자의 울산시 득표 결과

정당과 후보자		중구	남구	동구	합계
민자당 김영삼	득표 수	73,795	87,303	26,658	187,756
	득표율(%)	51	58	27	48
민주당 김대중	득표 수	17,020	16,062	17,982	51,064
	득표율(%)	11	11	18	13
국민당 정주영	득표 수	39,727	32,354	45,096	117,177
	득표율(%)	27	22	46	30
신정당 박찬종	득표 수	11,194	11,603	6,336	29,133
	득표율(%)	8	8	6	7

　　국회의원 선거와 대통령 선거에서만 이런 현상이 나타나는 것도 아닐 것이다. 아마 울산 구의회와 시의회 의원들을 조사해보면, 현대 관련 기업의 임원 출신이거나 노조 출신인 사람들이 대부분일 것이다. 그도 아니면 현대 하청 기업 출신일 것이다. 이런 점에서 울산은 현대시 또는 현대공화국이며, 현대의 입장을 고려하지 않는 어떤 정치나 정책도 있을 수 없다. 결국, 사적 이익을 추구하는 기업이 공적 이익을 추구하는 정치를 질식시키고 있는 것이다.

성과 원탁의 기사의 부활

최근 기업들이 도시를 건설할 수 있게 해달라고 요청하자 정부가 이를 받아들였으며, 국회도 입법 발의를 해놓은 상태다. 이제 삼성의 △△ 아파트나 현대의 ○○ 아파트 같은 것이 아니라 삼성 △△ 도시, 현대 □□ 도시, 대우 ◇◇ 도시, LG ○○ 도시 같은 것을 보게 될 날이 멀지 않았다. 그러한 도시는 계획적인 신도시로 만들어질 것이다.

처음부터 국가가 아닌 기업이 도시 안에 어떤 시설을 넣을 것인가를 계획하고, 그 계획에 따라 공장, 아파트, 학교, 병원,

영화 〈로보캅 2〉는 미래의 어느 시점에 도시 전체를 매입하려는 과정에서 나타나는 문제점을 보여줌으로써 기업 도시의 비극적 풍경을 보여준다.

문화 시설, 체육 시설, 소비 단지 등이 건설된다. 그 도시에는 생산을 하는 공장과 소비를 하는 공간이 함께 갖춰져 있어서 시민들이 굳이 도시 밖으로 나가지 않아도 된다. 따라서 교통량이 줄어들고 에너지 소비량도 감소하게 된다. 더구나 자연친화적인 차원에서 도시를 둘러싼 외곽에 커다란 숲이 조성된다. 이 숲은 중세의 성에 적을 막기 위해 만들었던 해자와 같은 역할을 해 외부인의 출입을 막는 역할을 하게 될지도 모른다. 또 도심에 녹지가 조성된다. 이런 계획된 기업 도시 안에 사는 사람들은 △△ 기업의 마니아를 넘어 삼성맨, 현대맨, LG맨, SK맨이 될 것이다.

 생각거리

다음은 2004년 11월 국회에서 입법 발의된 민간 투자 활성화를 위한 복합도시개발 특별법안의 내용이다. 이 글을 읽고 과거의 도시 건설과 현재의 도시 건설의 차이점에 대해 생각해보자. 또 기업 도시의 장점과 문제점은 무엇인지 정리해보자.

제안 이유 : 종래에는 산업 단지 조성, 주택난 완화 등을 위하여 공공이 도시를 개발하여 입주 기업과 입주민 등에게 분양 · 공급했음. 이러한 공공에 의한 개발 방식은 나름대로 소기의 목적을 달성하기는 했으나, 산업 단지는 장기 미분양 발생, 입주 산업에

대한 지원 기능 및 정주 여건 미비, 수도권 신도시는 자족 기능 약화 등으로 도시의 경쟁력 저하와 도시 간 교통 문제 등을 유발하기도 했음.

따라서 앞으로는 다수의 도시·경제학자와 기업인들이 지적해 온 바와 같이, 기업이 자발적인 투자 계획을 가지고 기업 활동에 필요한 지역에 직접 도시를 개발할 수 있도록 지원함으로써 도시 개발과 동시에 직접적인 산업 투자와 함께 복합적인 도시 기능을 확보할 수 있도록 도시 개발 제도의 일대 전기를 모색할 필요가 있음.

한편, 최근의 경제 위기가 기업의 투자 부진과 지역 경제의 침체 등에서 비롯되고 있음을 고려할 때, 기업이 개발이 집중되지 않은 지역에 직접 도시를 개발하면서 산업은 물론 주택·교육·의료·문화 시설 등을 종합적으로 설치·운영할 수 있게 함으로써 첨단 산업, 관광서비스 산업 등 21세기 전략 산업에 대한 적극적인 투자를 유도하고 지역 개발 및 지방 경제의 발전을 도모할 필요성이 절실히 요구되고 있음.

이러한 요구에 부응하여 복합 도시의 지정, 개발 계획 및 실시 계획의 수립, 각종 인·허가의 처리, 자금 조달의 지원 및 정주 여건의 개선 등 자족적인 도시의 개발에 관계된 제반 사항을 종합적·체계적으로 규정하는 특별법을 제정하고자 하는 것임.

꽤 근사하게 들릴지 모르지만, 기업 도시는 분명 문제점을 안고 있다. 기업주는 기업 도시라는 성에 사는 성주가 될 것이고, 성주를 따라다니고 보호하는 원탁의 기사들과 같은 사설 경찰이 생겨날 것이다. 도시 안에서 기업은 전지전능한 존재가 되며, 도시 안에 사는 모든 시민을 지배할 것이다. 그 안에서는 기업의 이익을 우선적으로 고려한 정책이 시행되고, 정치가 소멸될 것이다. 그 안에서 사는 시민들은 기업이 떠 먹여주는 밥 외의 어떤 것도 욕구하지 못할 것이다. 또한 평생 그 도시를 떠나보지 않은 사람들이 생겨날 것이다. 기업 도시의 시민들은 직업을 잃는 순간 그 도시를 떠나야 할 것이다. 그리고 도시를 떠나는 순간 곧 벼랑 끝에 서게 될 것이다.

제4장
갈등과 조화

인간은 저마다 다른 환경 속에 놓여 있고, 저마다 다르게 생각하며, 게다가
저마다 이기적이다. 그렇지 않은 사람은 없다. 그래서 사람들 사이에서는
충돌이 일어나고, 이로써 갈등 관계가 형성된다. 개인 간의 사소한 갈등은
서로 얼굴을 마주치지 않는 것으로 해결된다. 집단 간의 갈등은 물리적인 충
돌을 불러온다. 나아가 국가 간의 극단적인 갈등은 전쟁을 불러온다.

현대 사회는 이익과 이익, 가치와 가치, 관점과 관점 등이 지속적으로 갈등하는 사회다. 어느 누구도 '손에 쥔 떡'을 영문도 모른 채 빼앗기면서까지 이타심을 보이고 싶어 하지는 않기 때문이다. 사회가 발전할수록, 사회의 구성 요소가 다양해질수록 갈등은 늘어나기 마련이고, 또 중첩되는 경향을 보인다. 때에 따라서 국가와 시민, 국가와 지역, 지역과 지역, 집단과 집단이 갈등을 빚기도 한다. 갈등이 서로에게 이익이 되는 방향으로 해결되는 경우도 있지만, 모두를 파국으로 이끄는 경우도 있다. 이번 장에서는 갈등을 파국대신 긍정적 해결로 이끄는 길을 모색해본다.

첫째, 다양한 갈등의 원인, 갈등의 교집합을 다룬다. 아주 간단한 방법으로 갈등이 해소되기도 하지만, 집단 이기심이 갈등의 원천으로 등장하면 해결책을 찾지 못한 채 브레이크 없는 폭주 기관차가 되기도 한다. 둘째, 님비 현상에 대해서 다룬다. 님비는 주민의 직접 민주주의를 발전시킨다는 긍정적인 측면도 갖고 있지만, 님비의 결과는 국가와 시민에게 그리고 개개인 모두에게 커다란 해악을 끼친다. 셋째, 갈등의 해결 방법에 대해서 알아본다. 갈등 해결의 가장 간단한 방법으로 '보이는 손'이 어떻게 갈등에 개입하는지에 대해서 살펴볼 것이다.

1. 나는 나, 너는 너
―개인 간의 갈등과 집단 간의 갈등

쫓겨난 흥부, 이를 악물고 대들다

읽을거리

    꾀수아비한테 발등을 찍혀 팔려던 매품도 팔지 못하고 집에서 배를 곯던 흥부는 굶주린 아이들을 보다 못해 놀부를 찾아갔다.

    "형님, 제가 지난날 쫓겨났을 때 형님 생각이 맞겠거니, 열심히 일하면 먹고살겠거니 생각했습니다. 하지만 지금 생각해보니 제가 어리고 어리석어 제 것 하나도 못 챙겼습니다. 그러니 제가 그때 받지 못한 것을 돌려주셨으면 합니다. 제 자식들이 굶주리고 있으니 형편을 보아주셨으면 합니다."

"이놈, 헛소리 마라. 아무것도 안 주었다니, 이놈아, 적당히 나누었지 않느냐! 이놈아, 그 이후 나는 가지고 있는 재산을 죽도록 굴리고 굴려서 지금의 재산을 이루었다. 하지만 너는 밤일만 열심히 해서 아이만 열 명을 낳아놓지 않았느냐, 이놈아. 네놈이 아무리 많은 재산을 가지고 있다 한들, 요즘 같은 세상에 아이들 먹이고 입히고 공부시키고 하다 보면 그 재산이 남아나겠느냐. 봐라 이놈아, 나는 부자가 되고 싶어 자식도 낳지 않았다."

"형님이 저한테 조금만 더 재산을 나누어 주셨어도 제가 이렇게 살지는 않았을 겁니다. 이제 소송을 해서라도 제 재산을 찾아야겠습니다요."

"맘대로 해라, 이놈아. 법은 예로부터 있는 사람 편이었느니라."

흥부와 놀부 중 누구의 말이 맞을까? 경제적으로 빈곤한 계층은 흥부 편을 들 것이고, 부유한 계층은 당연히 놀부 편을 들 것이다. 눈을 가리고 칼과 저울을 든 법의 여신이 이 소송의 재판을 맡는다면 누구 편을 들까? 빈곤한 계층의 불만이 높아지는 시대라면, 흥부의 말이 옳다며 놀부의 말을 칼로 잘라낼 것이다. 반면 부유한 계층이 권력을 잡고 있는 시대라면, 놀부의 말에 저울추를 슬며시 옮겨놓을 것이다.

나보고 어쩌라고?

흥부와 놀부의 대립과 같은 경제적 갈등이 갈등의 전부는 아니다. 경제적인 것 외에도 갈등의 종류는 너무나 많다. '나는 얼마나 많은 갈등 관계에 연루돼 있을까'를 한번 생각해보자.

나는 용돈을 조금 더 받고 싶은데 부모님은 형편상 더 줄 수 없다고 한다. 나는 컴퓨터 게임을 조금 더 하고 싶은데 부모님은 '정신없는 짓' 그만 하고 공부나 하라고 한다. 나는 머리도 내 마음대로 기르고 옷도 내 마음대로 입고서 학교에 가고 싶은데 대부분의 선생님과 부모님은 극력 반대한다. 나는 철학과를 지망하고 싶은데 부모님은 경영대에 가라고 강요한다. 부모님은 돈 때문에 종종 말다툼을 하는데, 끝도 시작도 없는 그 싸움이 정말 지겨워 죽겠다.

나는 차례를 지내는 것도, 성묘를 하는 것도, 명절 때마다

마르크스의 갈등론 : 마르크스는 갈등의 원천을 경제적인 것에서 찾는다. 마르크스는 가난한 자와 부자의 갈등, 권력을 가진 자와 가지지 못한 자의 갈등, 심지어 종교와 문화의 갈등의 궁극적인 원천도 소유와 소유하지 못한 것의 차이에서 비롯된다고 보았다. 마르크스는 유산자와 무산자의 계급 갈등이 해소되면 세상의 모든 모순이 해결될 수 있다고 보았다.

베버의 갈등론 : 베버는 경제에서 갈등의 원인을 찾는 마르크스의 관점을 일면 수용하기는 하지만, 문화적 · 정치적 요소도 갈등의 원천이 될 수 있다고 보았다. 즉 베버는 갈등을 지배와 복종의 관계로 이해하고, 이 관계에는 경제적인 것 외의 여러 요인들이 작용한다고 보았다.

시골에 내려가는 것도 정말 싫다. 차라리 혼자 집에 남아 만화나 보고 컴퓨터 게임이나 실컷 했으면 좋겠다. 부모님은 온 식구를 총동원해 고향에 내려가려고 한다. 엄마는 시골 할머니 댁에 다녀오면 할머니와 고모 흉을 본다.

나는 고등학교를 졸업할 때까지 전학을 가지 않고 지금 사는 곳에서 살고 싶다. 그러나 동네 사람들은 동네가 너무 허름하고 미관상 좋지 않으니 빨리 재개발을 하자고 설득하고 있다.

나는 천성산 터널이 환경을 얼마나 파괴하는지는 몰라도, 또 새만금 사업과 핵폐기장이나 고속철도 건설이 환경과 어떤 관계가 있는지는 모르지만 지금까지 진행되어온 것을 바꾸기에는 너무 늦은 것 아니냐는 생각을 갖고 있다. 그런데 어떤 스님은 터널 공사를 막기 위해 목숨이 위태로울 정도로 단식을 하고, 지역 주민들은 격렬하게 반대를 한다. 나는 이런 반대와 한 스님의 목숨을 건 단식을 어떻게 이해해야 할지 모르겠다.

호주제에 어떤 문제점이 있는지 구체적으로 알지는 못해도 나는 호주제 폐지를 찬성하는 쪽인데, 할아버지는 '말도 안 되는 소리'라며 노발대발하신다. 나는 대통령 탄핵을 반대하는데, 할아버지는 '잘 되었다'고 하신다. 나는 미국의 이라크 침공이 옳지 않다고 생각하지만, 한국군의 참전에 대해서는 약소국의 입장에서 어쩔 수 없다고 생각한다.

이렇게 볼 때 나는 집안 내에서의 갈등, 지역 공동체 내에서의 갈등, 정책적 결정과 정치적 견해를 둘러싼 갈등, 국제 관계에서의 갈등 등에 노출되어 있다. 나는 수많은 갈등 관계 속에 놓여 있으며 중층의 갈등 상태에 놓여 있다. 또한 나는 그

러한 갈등 속에서 무의식중에 어느 것이 옳고 그른지를 끊임없
이 판단한다.

　인간은 저마다 다른 환경 속에 놓여 있고, 저마다 다르게 생
각하며, 게다가 저마다 이기적이다. 그렇지 않은 사람은 아무
도 없다. 그래서 사람들 사이에서는 충돌이 일어나고, 이로써
갈등 관계가 형성된다. 개인 간의 사소한 갈등은 서로 얼굴을
마주치지 않는 것으로 해결된다. 집단 간의 갈등은 물리적인
충돌을 불러온다. 또한 국가 간의 극단적인 갈등은 전쟁을 불
러온다.

손가락은 만능 해결사

손가락은 만능 해결사다. 자기 개인의 이익을 위해서라면 피도 눈물도 없는 사람, 자신의 주장이 무조건 옳다고 생각하여 타인의 의견을 깡그리 무시하는 사람, 자신이 원하는 것을 실현하기 위해 수단과 방법을 가리지 않는 사람. 이런 사람들이 가장 무서워하는 것은 법이나 힘이 아니라 손가락이다. 이런 사람들을 향해 다수의 사람들이 '쯧쯧' 혀를 차며 손가락질을 하면 그것으로 모든 문제는 해결된다. 다수의 사람들이 옳지 못한 행동을 하는 자를 손가락 하나로 사회적으로 매장시키는 것이다.

손가락질의 숫자가 많으면 많을수록, 손가락질을 당한 자는 재기 불능의 상태에 빠진다. 회복을 하기 위해서는 자신이 행했던 것보다 훨씬 더 많은 노력과 시간을 필요로 한다. 그러나 막강한 손가락도 해결하지 못하는 일이 있다. 옳지 못한 행동이 특정 집단 또는 특정 지역의 전체화된 의사 표출로 나타났을 때는 손가락으로 제어할 수 없다. 서로 맞대응하며 손가락질을 할 것이고, 심한 경우는 서로 주먹을 휘두르고 폭력을 행사할 것이기 때문이다. 다음을 보자.

생각거리

왕복 6~7차선, 길이 280미터 도로를 두고 두 지역 주민이 크게 대립하고 있다. 용인시 죽전-성남시 분당구 구미 간 도로다. 한쪽에서는 도로 연결을 주장하며 시의회 의장이 삭발과 단식 투쟁을 했다. 다른 한쪽은 토지공사가 도로를 연결하려고 하자 주민들이 스스로 나서 몸싸움을 하기도 하고, 철골 구조물을 만들어 도로 건설을 막기도 했다. 다음은 양쪽 지역 주민의 대화를 가상으로 만들어본 것이다. 누구의 주장이 옳은지 생각해보자.

성남시 구미동 주민 : 동백-죽전 고속화도로는 하루 수십만 대이상의 차량이 이용할 것으로 예상되는 곳입니다. 그런데 그곳을 분당구 내의 작은 동의 집산 도로에 연결하겠다는 게 말이나 됩니까? 서로 성격이 맞지 않는 도로를 연결해보세요. 생각만 해도 끔찍한 부작용이 생기지 않겠어요? 당연히 고속화도로는 고속화도로끼리 연결되어야 합니다. 그러니까 용인 시민들이 이용하는 도로니까, 분당을 우회하는 고속화도로를 용인 시민 돈으로 만들어서 연결하는 것이 당연한 일이 아닐까요?

용인시 죽전 시민 : 길은 지역 주민만 이용하는 것이 아닙니다.

생각해보세요. 이천에서 용인 안 거치고 성남을 들어올 수 있나요. 물론 빙빙 돌아서 갈 수는 있겠지요. 마찬가집니다. 용인에서 분당을 거쳐 서울을 갈 수 있어야 합니다. 그리고 앞으로 동백지구에 더 많은 인구가 입주하게 되면 문제라고 하는데, 오히려 이 문제는 용인시와 토지개발공사에 죽전 주민과 구미 주민이 더 압력을 넣어서 해결해야 한다고 생각합니다. 아무튼 6~7차선은 아니더라도 최소한 2개 차선이라도 빨리 열어 통행이 이루어질 수 있어야 합니다.

구미 지역 주민과 죽전 지역 주민 중 어느 쪽 말이 옳을까? 구미 지역에 사는 사람이라면 구미 주민 말이 옳다고 생각할 것이고, 죽전 지역에 사는 사람이라면 죽전 주민 말이 옳다고 생각할 것이다.

그런데 시시비비를 명확히 가려 반드시 어느 한쪽의 손을 들어주어야 하는 재판관이라면 어떤 판단을 내릴까? 양쪽 지역 주민 모두를 만족시키는 솔로몬의 판결을 내릴 수 있을까? '아니다'가 맞는 답일 것이다. 재판관은 도로를 연결하라고 판결하거나 연결하지 말라고 판결할 수 있을 뿐이며, 어떤 판결을 내리든 한쪽의 원망을 들을 수밖에 없다.

브레이크 없는 폭주 기관차

이처럼 집단의 이기심이 서로 맞부 딪쳤을 때는 만족스럽게 조율되기가 쉽지 않다. 이는 집단 이익의 표출에 다음과 같은 역설적인 면이 있기 때문이다.

첫째, 집단 이익의 표출은 합리성/비합리성, 객관성/비객관 성을 동시에 갖고 있다. 집단 이익의 표출은 특정 지역 내 한 사람이 아닌 그 지역 내 다수 또는 전부의 동의와 지지를 받기 때문에 그 집단 사람들에게는 합리적이고 객관적인 것처럼 보인다. 그러나 다른 집단 사람들은 그것에 동의하지 않고 잘못 된 것으로 본다. 따라서 다른 집단이 보기에 특정 집단의 집단 이익 표출은 대단히 비합리적이고 객관적이지 않은 것처럼 보인다.

둘째, 특정 집단은 투쟁을 통해 자신의 이익을 강화할 수 있는 반면, 국가를 구성하는 전체 시민의 이익 또는 다른 집단의 이익을 약화시킬 수 있다. 따라서 한쪽 집단이 자신의 이익을 지키기 위해 강력하게 투쟁하면 할수록 그 반대 집단도 자신의 이익을 지키기 위해 본능적으로 강력하게 대처하기 마련이다.

셋째, 집단 이익의 표출은 그 집단의 공동체 의식을 강화함 과 동시에 다른 집단의 공동체 의식도 강화한다. 자신의 이익을 지키려는 투쟁의 전선이 강고할수록 집단의 이익은 더 잘 지켜질 수 있는데, 역설적으로 특정 집단의 강고한 저항과 투쟁은 곧 다른 집단의 저항과 투쟁을 촉발하고, 다른 집단의 공동체 의식을 강화하는 계기가 된다.

역설의 결과는 집단 이익으로 똘똘 뭉친 집단과 집단의 충돌이다. 특정 집단 이익은 브레이크 없는 폭주하는 기관차며, 그 종착역은 자신의 이익이 보장될 때까지다. 그 이익에 상반되는 반대 집단도 자신의 이익이 보장될 때까지 브레이크를 밟지 않고 속도를 올린다. 결국 충돌한다. 그것도 서로가 서로에게 치명적 타격을 가하는 대형 충돌이다. 그 피해자는 국가와 사회를 구성하는 시민이다.

2. 나의 이익과 너의 이익
―님비 현상과 민주주의

예견된 비극

　　　　　集團의 이익을 주장하는 님비 현상이 극단화될 경우 어떤 일이 생길 수 있을까? 아래와 같은 가상의 상황으로 들어가 보자.

 읽을거리

"폭염이 계속되는 가운데 서울시립 벽제화장장의 악취 사태로 주민들의 불만이 높아가고, 기다림에 지친 유족들이 서울시립 벽제화장장 관리소에 항의를 하고 있습니다. 현장을 연결해 알아보

도록 하겠습니다. ○○○ 기자, 현재 그곳 상황은 어떻습니까?"

"네, 저는 지금 서울시립 벽제화장장 앞에 나와 있습니다. 시신을 화장하지 못한 탓에 이곳은 벌써 며칠 전부터 악취가 풍기기 시작했습니다. 기다리다 지친 유족들은 지방의 다른 화장장을 찾아 차를 돌리고 있습니다. 이 사태는 이미 제2화장장 건립 계획이 무산된 10년 전부터 예견된 일이었습니다. 정부와 서울시가 적절한 대책을 세우지 못한 채 시간을 보내다, 결국 화장장 초만원 사태를 초래한 것입니다. 더구나 기상 이변으로 인한 폭염 때문에 노인과 병자들의 사망이 늘어나면서 상황은 더 악화되었습니다. 또한 전문가들은 화장 문화의 확산도 이러한 상황에 일조를 한 것으로 보고 있습니다. 한편 보건복지부는 서울시립 화장장에 긴급상황실을 설치하고, 각 구청 보건소의 의사와 직원들을 총동원해 시신의 부패에 따른 전염병 확산 등에 대해 만반의 예방 조치를 취할 것이라고 밝혔습니다. 또한 서울시립 화장장 관리소는 서울 전역의 병원에 긴급 안내문을 발송해 화장장으로 오는 영구차의 행렬을 조정해줄 것을 당부하고 있습니다. 이곳에서 화장을 기다리고 있는 유족을 만나보겠습니다. 몇 시간째 기다리고 계시는 겁니까?"

"몇 시간이라니요, 꼬박 이틀을 기다리고 있습니다. 분통이 터져 죽겠어요. 벌써 구더기가 나오기 시작했다고요. 병원 영안실에서 7일이나 기다리다가 겨우 도착했는데……."

"사정이 이런데도 서울시립 화장장 관리소는 적절한 대책을 세우지 못한 채, 임시방편으로서 냉동 컨테이너를 주문해 화장 전의 시신을 임시로 안치해둘 것이라고 밝혔습니다. 한편 서울시의회는

모든 장의 차량의 시신 안치 칸에 초강력 냉동실을 설치하기로 결
의했다고 합니다. 이상 ○○○입니다."

님비의 긍정적인 면

나와 내 가족이 살고 있는 동네 언저
리에 화장장이 들어선다면? 무조건 반대! 결사 반대! 아침부터
저녁까지 드나드는 장의차와 유족들에게서 터져 나오는 울음
소리를 매일 보고 듣는 게 싫어서라도 결사 반대! 하지만 화장
장이 꼭 필요한 시설이라는 데에는 공감한다. 따라서 다른 동
네에 화장장이 들어서는 것에 대해서는 반대하지 않는다. 우리

님비와 같은 현상을 나타내는 다양한 용어들이 있다. 룰루LULU는 'Locally Unwanted Land Uses'를 줄인 말로 지역 주민이 원치 않는 토지 사용을 허락하지 않는다는 의미다. 누스NOOS는 'Not On Our Street'를 줄인 말로 우리 동네, 우리 거리에는 혐오 시설이 들어와서는 안 된다는 의미다. 바나나BANANA는 'Build Absolutely Nothing Anywhere Near Anybody'를 줄인 말로 우리 동네 사람 근처에는 절대 아무것도 짓지 말라는 뜻이다.

동네에만 들어오지 않으면 되는 거지. 이것이 바로 님비NIMBY (Not In My Back Yard), '우리 뒷마당에는 안 돼' 의식이다.

'우리 동네에는 들여놓을 수 없지만 사회적으로 필요한 시설'은 무수히 많다. 예컨대 공항, 교도소나 감호소, 발전소나 변전소, 폐기물 매립장 및 소각장, 하수 처리 시설, 저소득층 주택 단지, 고속도로, 화장장 및 공원 묘지, 지하철 차량 기지, 버스 공영 주차장, 장애인 수용 시설, 정신병원, 한센병 전문 병원, 에이즈 환자 전문 병원 등이다.

이런 시설을 꺼리는 이유는 다양하다. 환경 파괴 때문일 수도 있고, 국가의 정책에 대한 불만 때문일 수도 있으며, 건강과 안전이 위협받게 된다는 염려 때문일 수도 있고, 자녀 교육에 대한 걱정 때문일 수도 있다. 그러나 가장 중요한 이유는 개인의 재산권과 관련된 이해 관계에 있다. 쉽게 말해서 그런 시설이 우리 동네에 들어오면 '집값이 떨어진다'는 게 가장 중요한 이유인 것이다.

기피 시설과 관련된 이익은 대단히 특이한 성격을 가지고 있다. 기피 시설에서 나오는 공공의 이익은 기피 시설이 있는 지역과의 거리와 관계없이 사회의 구성원 전체에게 평등하게 나누어진다. 반면 기피 시설에서 가까운 곳에 사는 주민들의 사적 이익은 크게 줄어들게 된다. 아래의 그림과 같이 기피 시설이 제공하는 공공 이익의 공평성과 지역 주민의 사적 이익의 침해성이 부딪치게 되는 것이다.

기피 시설과 시민의 이익의 상관관계

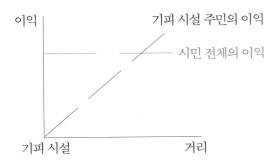

기피 시설은 사회 전체를 구성하고 있는 시민들이 안락하고 편안한 생활을 유지하는 데 절대적으로 필요하며, 따라서 기피 시설이 잘 발전되고 유지되는 사회일수록 안정된 사회이다. 그러나 기피 시설에 가까울수록 부동산 가격이 급락하기 마련이고, 기피 시설에서 멀수록 가격은 떨어지지 않거나 올라간다. 따라서 기피 시설이 들어서게 될 지역 주민들은 자신들의 이익을 지키기 위해 목숨을 걸고 반대한다. 반면 다른 지역 주민들은 해당 지역 주민들이 국가와 사회의 전체적인 공적 이익을 생각하지 않고 자신들의 이익을 챙기려 한다고 비난한다. 물론 그들도 자신들의 지역에 기피 시설이 들어온다면, 빨간 머리띠를 두르고 결사 투쟁할 것이다.

님비의 반대말로 핌피 PIMFY가 있다. 핌피는 'Please In My Front Yard'를 줄인 말로, '제발 우리 집 마당에' 어떤 시설이 들어오기를 바라는 것이다. 핌피도 현재 우리 사회에서 일반화된 현상이다. 최근 지방자치단체들은 이익이 되는 정부 기관을 자기 지역에 끌어들이기 위해 경쟁하고 있다.

낭만 고양이 집을 나서다

님비 의식을 무작정 비난할 수는 없다. 난데없이 자신의 이익이 줄어드는 것을 누가 가만히 보고만 있겠는가? 자기 이익이 줄어드는 것을 막고자 하는 것은 당연한 일이다. 더구나 님비 현상은 해당 사회가 민주주의가 발전한 사회임을 우회적으로 시사해준다. 독재와 억압의 시대에는 지역 이기주의로 치부되는 님비가 나타날 수 없었다. 통치권자가 결정하고 행정부가 부지를 선정하면 그것으로 끝이었다. 국가의 필요에 따른 개인의 사적 이익 침해는 합리성과 효율성이라는 명분 아래 무시되었다. 지역 주민은 반대조차 할 수 없었다. 반대를 한다는 것은 곧 국가에 저항하는 것이고, 국가의 이익과 국민 전체의 이익에 반하는 것으로 간주되었다. 공권력은 주민의 저항을 간단하게 억눌러버렸다.

지역 주민이, 한 개인이 사적 이익을 지키기 위해 국가의 정책에 반대하는 것은 민주주의의 발전이 상당한 수준에 이르렀을 때 가능한 일이다. 우리나라에서 님비 현상이 사회 문제가 된 것이 독재 정권 몰락 이후라는 점은 이를 반증한다. 님비 현상은 개인의 권익 지키기의 출발점이라는 점에서 긍정적이다.

이처럼 님비에는 민주주의와 관련된 긍정적인 측면도 많이 있다. 이를 정리해보면 첫째, 님비 현상은 시민의 자기 재산권에 대한 자각을 토대로 한다. 현대 사회의 핵심 요소 중 하나는 재산권이다. 국가는 긴급한 경우, 예컨대 전쟁이나 자연 재해와 같은 경우에도 개인의 재산권을 침해할 수 없다. 불가피하게 침해하는 경우에는 반드시 개인의 재산권 침해에 대한 보상을 해야 한다. 한국 사회에서는 오랫동안 공익을 목적으로 한 국가나 지자체의 재산권 침해가 사회적으로 관용되고, 이에 저항하는 것은 이기적인 행동으로 여겨져 왔다. 그런 점에서 님비는 공익을 목적으로 한 개인의 재산권 침해에 제동을 거는 것일 수 있다. 둘째, 님비는 지역 주민이 자신들의 이익과 직결된 현안에 직접 관여한다는 측면에서 직접 민주주의적인 성격을 띠고 있다. 셋째, 공권력에 의한 사적 권리의 침해에 대한 적극적 저항의 의미를 내포하고 있다. 이런 점에서 님비는 재산권을 둘러싸고 이루어지는, 직접 민주주의 훈련의 장인 동시에 직접 민주주의 실천의 장이기도 하다.

부메랑 효과

님비는 한편으로는 민주주의 발전의 부정적 부산물이다. 님비는 부메랑으로 돌아온다. 누구나 무임 승차를 원하기 때문이다. 즉 자신이 사는 지역에 기피 시설을 건설해서는 안 되지만, 자신이 이용할 수 있도록 다른 지역에는 건설되어야 한다는 것이다. 다른 지역의 주민 또한 마찬가지다. 따라서 어떤 기피 시설도 건설될 수 없다. 님비는 한마디로 기피 시설의 입주를 극력 반대하는 것이고, 그 반대의 결과는 부메랑처럼 되돌아와 시민에게 치명적인 해악을 끼치게 된다. 님비는 지역 이기심을 충족시키는 행위지만, 사회와 국가의

핌피에도 부메랑이 작용한다. 각종 지방자치단체가 혐오 시설을 유치하는 대가로 지역 발전을 모색하는 경우가 그렇다. 자치단체들은 지역의 경제 발전에 도움이 된다면 지역 특색과 아무런 관계가 없는 위락 시설 유치도 마다하지 않는다. 이러한 땅 짚고 헤엄 치기식 핌피형 개발은 자연과 주거 환경의 파괴와 같은 형태로 부메랑이 되어 지역 주민에게 돌아간다.

구성원 전체의 입장에서 본다면 큰 손실을 끼치는 행위다.

부메랑이 어떤 형태로 발생하는지 가장 일상적인 예를 들어 설명해보자. 어느 지역도 쓰레기 매립장과 소각장의 건설을 허락하지 않아 쓰레기를 배출할 수 없다면 어떻게 될까? 그런 상태로 일주일이 지나면, 집 안이 쓰레기와 악취로 넘쳐날 것이다. 2주일이 지나면 동네가 쓰레기와 악취로 넘쳐날 것이다. 3주일이 지나면……. 마찬가지로 화장장이 건설되지 않는다면, 핵폐기물을 저장할 공간이 없다면, 공항이 시내에서 너무 멀리 떨어져 있다면, 범죄인을 격리할 교도소가 없다면, 하수 처리 시설이 없다면, 정신병원이나 장애인 수용 시설이 없다면, 에이즈AIDS를 치료할 전문 병원이나 연구소가 없다면, 우리 사

회는 어떻게 될까?

　님비는 민주주의의 발전의 적자이자 서자이다. 님비는 민주주의 발전의 적자로서 시민의 직접 참여를 유도해낸다. 동시에 민주주의 발전의 서자로서 기피 시설을 반대하는 시민에게 커다란 피해를 가져온다. 님비는 시간이 흐르면 내가 뱉은 침을 내가 맞고, 내가 쏜 화살에 내가 맞는 상황을 연출해낸다. 한 지역에 기피 시설이 들어오지 못한다면 그 지역의 손실은 막을 수 있겠지만, 사회나 국가 전체에는 최악의 상태가 발생할 수도 있다.

　그렇다면 님비의 서자적인 성격을 줄이고, 적자적인 성격을 키울 수 있는 방법은 없을까? 님비가 가지고 있는 직접 민주주의적인 성격을 최대한 키워, 부메랑으로 돌아오지 않게 할 방법은 없을까?

3. 스핑크스의 수수께끼
—갈등 해결의 방법

피자집 주인의 난제

학교 앞의 소문난 피자집. 맛도 양도 값도 정말 대만족이다. 그러나 피자보다 더 유명한 것이 피자집 주인인 일명 '스핑크스 아저씨'다. 그는 피자를 먹으러 온 학생들에게 어려운, 그러나 생각할수록 재미있고 유익한 수학 · 물리 · 화학 · 천문학 문제를, 때로는 국사 · 사회 · 시사 · 스포츠 관련 문제를 낸다. 답을 맞히는 팀에게는 제 값보다 훨씬 크고 맛난 피자를 한 판 더 주는 것은 물론이고 음료수도 실컷 준다. 대신 답을 맞히지 못하는 학생은 1,000원을 더 내야 한다(하지만 정말로 더 냈다는 학생은 없다). 스핑크스 아저씨의 문제들은 잘난 척하다 틀리기 십상이고 과시하려다 망신당하기 일쑤인 것들이다. 정답자가 여러 명이면 추첨을 해서 혜택을 주고, 정답자가 없으면 근접한 답을 제시한 학생에게 혜택을 준다(그래서 아무리 문제가 어려워도 추가 피자가 제공되지 않은 적은 없다).

정말 특이한 피자집이다. 학생들이 이 피자집을 좋아하는 것은 이런 문제들이 대학수학능력시험이나 논술 시험에 도움이 되기 때문이다. 확인된 바는 없지만, 아저씨가 낸 문제만 공부해도 대학수학능력시험 점수가 10점은 올라간다는 소문까지 들린다. 게다가 아저씨가 낸 문제가 여러 대학 논술 시험에 나왔다는 소문도 있다. 그래서 스핑크스 아저씨의 피자집은 항상 북적북적하다.

오늘 스핑크스 아저씨가 낸 문제는 너무 평범한 문제.

스핑크스는 그리스 신화에 나오는 괴물로, 행인에게 '아침엔 네 발, 점심엔 두 발, 저녁엔 세 발로 걷는 것이 무엇인가'라는 수수께끼를 내서 맞히는 행인은 통과시키고 못 맞히는 행인은 잡아먹었다. 오이디푸스가 이 질문에 '인간'이라고 답변했다는 이야기는 유명하다.

농구를 죽도록 해서 아주 배고픈 학생 여섯 명이 피자를 공평하게 나누어 먹을 수 있는 방법은 무엇일까? 단 저울이나 자 같은 도구 사용 불가. 피자를 먹으면서 답변을 구하고, 그 근거를 설명해서 논술로 작성할 것. 가장 근접한 답을 낸 팀에게는 '왕창 크고 맛있는 피자 한 판 더'. 답안지는 주인장에게 문의 바람.

스핑크스 원칙을 제시하다

피자집은 토론의 열기로 가득 찼다. 답은 쉽게 찾을 수 있었지만, 그 답을 논술 형태로 쓰기는 쉽지 않은 듯했다. 스핑크스 아저씨가 "다수가 합의할 수 있을 것, 공평해야 할 것, 서로에게 이익이 되어야 할 것"이라는 힌트를 주었다.

스핑크스 아저씨가 제시한 문제의 답은 무엇일까? 가장 쉬우면서도 정확한 답은 '자르는 사람이 가장 나중에 선택한다'. 왜 그런가?

첫째, 공평하다. 자르는 사람이 자기 몫을 가장 늦게 선택하기로 하면, 그는 피자를 균등하게 여섯 조각으로 나누기 위해 최대한 노력할 것이다. 그래야만 자신이 차지하게 될 마지막 한 조각이 다른 사람들이 먼저 차지할 다섯 조각과 최대한 크기가 같아질 것이기 때문이다. 피자를 최대한 똑같은 크기로 공평하게 나눌 수 있다는 점에서 이 방법은 공정성의 원칙에 맞는다.

둘째, 다수가 합의할 수 있다. 이것이 가장 공평한 방법인

우리가 출출할 때 가끔씩 즐기는 '사다리 타기'를 할 때도 같은 원칙이 적용된다. 사다리 타기를 할 때 가장 공평한 방법은 '그리는 사람이 가장 나중에 선택하는' 것이다.

만큼 관련자들을 만족시킬 수 있기 때문이다. 이처럼 다수의 합의를 이끌어낼 수 있다는 점에서 이 방법은 민주성의 원칙에 맞는다.

셋째, 서로에게 이익이 된다. 피자가 모두에게 공평하게 분배되므로 누구도 불이익을 당하지 않게 되는데, 누구도 불이익을 당하지 않는다는 것은 결국 모든 개인이 가능한 한도 내에서 최대의 몫을 차지할 수 있다는 뜻이기 때문이다. 이처럼 구성원 전체가 이익을 향유할 수 있다는 점에서 이 방법은 공익성의 원칙에 맞는다.

따라서 '자르는 사람이 가장 나중에 고른다'는 "다수가 합의할 수 있을 것, 공평해야 할 것, 서로에게 이익이 되어야 할 것" 이라는 조건에 합당한 답이 된다.

생각거리

다음 글은 외환 위기가 한창이던 때, 노동자와 사용자, 그리고 이를 중재하고 조정하려는 정치권이 모여 '노사정위원회'를 만들면서 발표한 협약문이다. 이해관계를 달리하는 세 주체가 민주주의를 발전시키고 경제 위기를 극복하려는 목적에서 만든 이 협약문을 공평성, 민주성, 공익성의 관점에서 분석해보자. 그리고 이익을 둘러싼 갈등이 발생할 때 이와 같은 위원회 구조가 갖는 장점과 한계에 대해 생각해보자.

경제 위기 극복을 위한 사회협약

　　노사정위원회는 모든 경제 주체의 참여와 협력을 통해 현재의 국가적 위기를 극복하자는 국민적 염원에 힘입어 1998년 1월 15일 발족하였다.

　　노사정위원회는 그동안 경제 위기 극복을 위한 구조 개혁과 이에 따르는 공정한 고통 분담 방안에 관하여 집중적으로 논의한 결과, 우리 경제를 보다 투명하고 개방적이며 경쟁 촉진적인 체질로 바꾸는 근본적인 구조 개혁이 없이는 지금의 국가 위기를 벗어날 수 없다는 결론을 얻었다.

　　위기 극복을 위한 구조 개혁 조치들은 조기에 과감하게 취해져야 하고 정부와 기업, 정치 부문에서의 개혁이 동시에 추진되어야

한다는 데에 인식을 같이하였다.

또한 각 경제 주체들이 솔선수범의 자세로 합심 · 협력해야만 개혁 조치들이 성과를 거둘 수 있으며, 그에 따른 고통의 공정한 분담과 사회적 평화의 유지가 가능할 것이라는 공통의 인식을 갖게 되었다.

노사정위원회는 지난 1월 20일 〈경제 위기 극복을 위한 노사정 간의 공정한 공통 분담에 관한 공동 선언문〉에 만장일치로 합의하였으며, 이 선언문의 정신을 구체화하기 위한 10대 의제를 채택하고 진지한 토론을 거듭한 결과, 역사적인 사회 협약에 합의하였다.

앞으로 우리 노사정은 합의문의 실행 과정을 면밀히 점검하고 보완하여 합의 사항이 철저히 이행되도록 지속적으로 긴밀히 상호 협력해나갈 것이다.

우리 노사정은 신뢰에 바탕을 둔 노사정 삼자 협력 체제의 정착이야말로 민주주의 발전과 경제 회생의 초석이 된다는 인식하에 앞으로도 대타협 정신을 더욱 발전시켜나갈 것이다.

또한 우리는 사회 각 부문에서도 본 협약 정신이 충실히 구현될 수 있도록 최선의 노력을 다할 것이다.

1998년 2월 6일 노사정위원회 위원 일동

스핑크스 아저씨가 낸 문제를 조금 확장해서 피자가 '사회의 부'라고 가정해보자. 사회의 부는 수많은 사람들의 노력이 투입되어 만들어진 것이다. 그렇다면 사회적 부를 어떻게 나눌 것인가의 문제가 당연히 발생한다. 사회적 부를 어떻게 나누어야 가장 이상적인 분배가 될까?

또 다른 측면에서 갈등이 발생한다면 어떻게 대처해야 할까? 예컨대 문화적인 갈등, 세대 간의 갈등, 남녀 간의 갈등, 님비 현상처럼 특정 지역의 이익과 국가적 · 사회적 공익 사이에 빚어지는 갈등 등 수많은 갈등을 어떻게 풀 수 있을까?

보이지 않는 손의 실패

기본적으로 자유주의 사회에서는 이른바 '보이지 않는 손'이 모든 것을 결정한다. 가격을 결정하는 것도 보이지 않는 손이다. 가격은 상품을 만들어내는 사람(생산자)과 소비하는 사람(소비자)의 판매와 구매에 의해 결정된다. 상품을 사려는 사람이 적으면 상품 가격이 낮아지고 사려는 사람이 많으면 가격이 높아지며, 동일 상품이 많이 생산될수록 가격이 낮아지고 동일 상품이 적게 생산될수록 가격이 높아진다. 상품을 생산하는 것도 상품을 구매하는 것도 인간이 이기심을 추구하기 위한 행위다. 보이지 않는 손은 인간의 이기심을 추구하는 모든 행위가 결과적으로 국가와 사회의 부를 충만하게 만든다고 본다. 따라서 모든 인간은 자신의 이

스미스Adam Smith의 초상. 스미스는《국부론The Wealth of Nations》에서 '보이지 않는 손' 이 사회와 국가의 부를 창출한다고 설명했다.

익을 추구하고 지키기 위해 행동할 권리가 있으며, 이익을 지키려는 데서 비롯되는 님비 현상 역시 국가와 사회의 부에 기여할 것이라는 결론이 도출된다.

보이지 않는 손이 모든 것을 결정하면 어떤 일이 일어날까? 독점 회사가 생겨나 상품의 가격을 마음대로 결정하는 사태가 발생할 것이다. 모든 회사가 시장의 규모를 고려하지 않은 채 이익을 극대화하기 위해 무조건 상품을 찍어낸다면, 과잉 생산에 기인한 1920년대의 경제 공황과 같은 사태가 발생할 것이다. 개인의 이익 추구에 어떤 제한도 가해지지 않는다면 부유한 사람은 더 부유해지고 가난한 사람은 더 가난해지는 부익부 빈익빈 현상이 한층 심화될 것이고, 특정 집단이 자신들의 이익을 달성하기 위해 힘을 행사하는 집단 이기주의가 발현될 것이며, 님비 현상의 부메랑이 돌아올 것이다. 보이지 않는 손은 결국 실패를 안고 태어나는 것이나 마찬가지다.

스미스가 《국부론》에서 '보이지 않는 손'을 제시한 이후 자본주의에 대한 설명은 대부분 이 개념에 의거한다고 해도 과언이 아닐 정도로 그의 견해는 중요한 이론이 되었다. 스미스가 말하는 보이지 않는 손이란 다음과 같다.

'우리는 저녁 식사를 하면서 쌀도, 고기도, 해물도 먹는다. 이처럼 다양한 종류의 음식을 먹을 수 있는 것은 농부, 축산업자, 어부의 자비심 때문이 아니다. 그들은 다른 사람의 만족을 위해서, 사회적 공익이나 국가의 부를 증대시키기 위해서 행동하지 않는다. 그들은 다만 자신의 이익을 추구하기 위해서 열심히 노력할 뿐이다. 그런데 그 결과는 사회와 국가의 부의 향상으로 나타난다.' 스미스는 이와 같이 의도하지 않은 결과가 나타나는 것이 바로 보이지 않는 손이 작동한 결과라고 보았다. 이런 생각 때문인지, 스미스는 공공 복지 사업을 한다고 떠드는 사람이 좋은 일을 많이 하는 것을 본 적이 없다고 공언할 정도였다.

보이는 손

실패는 곧 반성을 불러일으킨다. 실
패는 곧 공생과 상생의 원리를 찾아내게 만든다. 결국 사람들
이 도달하게 되는 것은 피자 균등하게 자르기의 해법이기도 했
던 공정성, 민주성, 공익성의 원칙이다. 이제 사람들은 어떻게
든 자신의 이익을 지키고 더 많이 보장받기를 원하는 가운데서
도 한편으로는 더불어 이익을 나눌 수 있는 방법을 모색하게
된다. 또한 공생과 상생이 국가와 사회를 더욱 풍요롭게 만들
어 결국 모두에게 이익을 돌려준다는 것을 깨닫게 된다.

시민들이 사적 이익을 넘어 공정성, 민주성, 공익성을 갖고
활동할 수 있도록 조율하는 것은 '보이는 손'이다. 보이는 손
은 국가일 수도 있고, 이해 당사자인 시민일 수도 있다. 또한

이해를 조정하기 위해 노력하는 시민 단체일 수도 있다. 보이는 손은 이해관계에 따른 갈등을 시장의 우연성에 맡겨두는 것이 아니라, 갈등의 당사자들로 하여금 만인의 눈앞에서 만나게 한다. 그곳에서 당사자들은 서로 자신의 이익의 정당성을 공평하게 주장하고, 그 정당성에 대해 토론하고 협의한다(공정성). 그리고 모두에게 이익이 되는 방안을 '함께' 결정하며(민주성), 그러한 결정이 도출됨으로써 모든 시민이 이롭게 된다(공익성).

시민과 시민, 집단과 집단 간의 갈등이 크고 첨예할수록 공정성, 민주성, 공익성으로 이끌어주는 보이는 손의 활동이 절실하게 요구된다.

 생각거리

다음 글은 서정주 시인의 〈신선 재곤이〉라는 시다. 이 시를 읽고 사회의 극빈층과 차상위 계층이 어떤 상태에 있는지 확인해보고, 이들을 위한 국가나 사회의 대책을 조사해보자.

신선 재곤이

땅 위에 살 자격이 있다는 뜻으로 〈재곤〉이라는 이름을 가진 앉은뱅이 사내가 있었습니다. 성한 두 손으로 멍석도 절고 광주리도 절었지마는, 그것만으론 제 입 하나도 먹이지를 못해, 질마재 마을 사람들은 할 수 없이 그에게 마을을 앉아 돌며 밥을 빌어먹고 살 권리 하나를 특별히 주었었읍니다.

「재곤이가 만일에 제 목숨대로 다 살지를 못하게 된다면 우리 마을 인정은 바닥난 것이니, 하늘의 벌을 면치 못할 것이다」 마을 사람들의 생각은 두루 이러하여서, 그의 세 끼니의 밥과 추위를 견딜 옷과 불을 늘 뒤대어 돌보아 주어 오고 있었읍니다.

그런데, 그것이 갑술년이라던가 을해년의 새 무궁화 피기 시작하는 어느 아침 끼니부터는 재곤이의 모양은 땅에서도 하늘에서도 일절 보이지 않게 되고, 한 마리 거북이가 기어다니듯 하던 살았을 때의 그 무겁디 무거운 모습만이 산 채로 마을 사람들의 마음속마다 남았읍니다. 그래서 마을 사람들은 하늘이 줄 천벌을 걱정하고 있었읍니다.

그러나, 해가 거듭 바뀌어도 천벌은 이 마을에 내리지 않고, 농사도 딴 마을만큼은 제대로 되어, 신선도에도 약간 알음이 있다는 좋은 흰 수염의 조선달 영감님은 말씀하셨읍니다. 「재곤이는 생긴 게 꼭 거북이같이 안 생겼던가……너무나 답답하여서 날개 돋아나 하늘로 신선살이를 하러 간 거여……」

……그래서 그들도 두루 그들의 마음속에 살아서만 있는 그 재곤이의 거북이 모양 양쪽 겨드랑에 두 개씩의 날개들을 안 달아 줄 수는 없었읍니다.

—서정주,《미당 시전집 1》(민음사, 1994), 370~371

제5장
참여와 민주주의

혹시 2002년 월드컵 때 여럿이 모여서 응원을 해본 적이 있는가? 그렇다면 목청껏 〈아리랑〉을 불러봤을 것이다. 처량하고 한으로 가득 찬 아리랑이 아니라 월드컵 당시에 유행했던 윤도현 버전의 아리랑을 말이다. 지금도 그 순간을 생각하면 가슴이 두근거리고 심장 박동이 빨라진다. 머리가 잠깐 동안 멍해지는 것 같다. 광화문의 그 넓은 도로와 시청 앞의 그 너른 광장을 아리랑으로 가득 채웠던 기억이 내 몸과 피에 새겨져 있다.

민주주의가 발전하는 데 참여는 필수적이다. 시민의 참여가 없는 국가의 발전은 행정에 의해 시민의 만족을 추구하는 방향으로 나아가게 된다. 시민의 만족을 추구하기 위해 국가는 복지에 많은 시간과 돈을 들이고, 그 결과 행정은 비대해지는 반면, 복지에 만족하는 시민은 민주주의에 관심을 갖지 않게 된다. 현재 복지주의는 발전하는 반면 참여가 전제된 민주주의는 쇠락하고 있는 징후를 보인다. 가장 전형적인 현상 중의 하나가 시민의 대표를 뽑는 선거율의 하락이다. 그러나 정치에는 무관심하지만 다른 영역에서 시민의 참여는 거의 폭발적으로 증가하고 있다. 이 장에서는 정치 참여 감소와 다른 영역에서의 참여 증가가 어떤 관계를 갖고 있고, 참여가 긍정적인 의미를 갖는 데 대화와 신뢰가 얼마나 중요한지를 살펴보고자 한다. 이를 위해서 아래와 같은 내용을 다룬다.

첫째, 정치 참여 감소가 초래한 민주주의의 위기를 살펴본다. 현재의 의회 제도는 정치에 대한 불신을 초래하는 대표적인 요소로 보인다. 국회의원들이 하루도 안 거르고 매일 싸우는 것처럼 보이기 때문이다. 그러나 이것은 이익을 조정하기 위한 긍정적인 현상으로 이해될 필요가 있다. 정치에 참여하지 않는 것이야말로 민주주의의 종언을 가져온다. 둘째, 민주주의가 발전하는 데 왜 참여가 필요한지 짚어보자. 여기서는 참여란 무엇인지, 참여가 민주주의 발전에 어떤 기여를 할 수 있는지 살펴볼 것이다. 셋째, 현대 민주주의 사회에서 살아남기 위해 가장 중요한 것은 대화와 신뢰임을 다룬다. 자신의 이익만을 주장하고 살아가는 것은 곧 민주주의의 기본 원리를 망각하는 것이다. 각자의 이익을 주장하기 위해서는 참여가 필요하고, 그에 따른 대화와 타협이 민주주의 발전에 가장 기본적인 요소임을 잊지 말아야 한다.

1. 왕을 주세요
―민주주의와 투표

정치인들의 패싸움

 생각거리

　개굴개굴 생방송 〈우리는 ○○막가파다〉 시간입니다. 40여 명
의 여성이 포함된 300여 명 가까운 성인들이 집단 패싸움을 벌이
고 있는 현장입니다. 현장 접근이 불가능하므로 고성능 마이크를
들이대어 어떤 말이 오가는지 알아보도록 하겠습니다.

　"야 임마, 그거 존말 할 때 내놔." "내가 왜 줘 xx야." "#@%@
%#%^@^#^!&$^&$." "@$^$%^$%&@#%&$%@." "저놈 끌
어내." "자! 저놈들 막읍시다." "와~~아!" "자, 스크럼 짜고 영차!

영차!!""야 패라, 패.""내가 언제 팼어, 이놈아! 내가 손들고 있는데 니가 다가왔지.""남성 여러분 주먹질 그만 하고 싸우지 맙시다, 말로 합시다, 말로.""야, 저 XX 끌어내."

한 여성이 책상에서 멱살과 머리를 잡힌 채 강제로 끌려 내려오고 있습니다.

싸우고 있는 한 분을 만나 이야기를 들어보도록 하겠습니다. "왜 싸우고 계셨습니까?""저 사람들은 말로 안 돼요. 그러니 싸울 수밖에 없지요.""아 네에~. 무슨 이유로 싸우셨습니까?""저놈들

이 우리 말을 도대체 들으려고 안 해요."

　방금 인터뷰한 분은 너무 흥분한 나머지 제가 무슨 질문을 하는지도 모르고 있는 것 같습니다. 싸움을 지켜보고 있는 한 분을 만나 대화를 나눠보도록 하겠습니다. "보신 소감이 어떻습니까?" "예 저는 오늘 아이들을 데리고 왔는데요……."

　싸우는 소리가 너무 시끄러워 잘 들리지 않습니다. 더 자세한 소식은 다음 뉴스 시간에 보내드리도록 하겠습니다.

하락하는 투표율

　〈대화1〉 ○○년 ○월 ○○일

　갑돌이 : 야, 너 내일 뭐 하냐!

　영순이 : 별일 없어.

　갑돌이 : 그럼 우리 놀러 가자.

　영순이 : 어디로 갈 건데?

　갑돌이 : 아무 데나 가지 뭐!

　영순이 : 그래, 그러자.

　〈대화2〉 △△년 △월 △△일, 국회의원 선거일 전날

　철수 : 야, 너 내일 뭐 하냐!

　영희 : 별일 없어.

　철수 : 그래, 우리 놀러 가자.

　영희 : 어디로 갈 건데?

철수 : 아무 데나 가지 뭐!

영희 : 그래, 그러자.

두 대화는 같은 내용으로 이루어져 있지만 전혀 다른 상황을
보여준다. 첫 번째 대화가 평범한 날의 대화인 반면 두 번째
대화는 선거를 앞둔 날의 대화이기 때문이다. 첫 번째는 일상
적인 대화일 뿐이지만 두 번째는 정치에 대한 무관심 또는 반
감을 적나라하게 드러낸다. 정치에 무관심하거나 반감을 지닌
사람들이 점점 늘어나고 있으며, 이 때문에 선거 때마다 투표
율이 점점 낮아지고 있다(특히 젊은 층에서 심하다). 투표율이
얼마나 낮아지고 있는지는 몇 차례의 대통령 선거, 국회의원
선거, 지방자치단체 선거만 돌아봐도 알 수 있다.

우선 대통령 선거의 투표율 하락 추이를 보자. 1987년의 13
대 대통령 선거에서는 시민 10명 중 9명이 투표를 해 89.2%의
투표율을 기록했다. 1992년의 14대 대통령 선거와 1997년의
15대 대통령 선거의 투표율은 각각 81.9%와 80.7%로, 10명
중 8명이 투표를 한 셈이다. 2002년의 16대 대통령 선거에서
는 투표율이 70.8%로 뚝 떨어져 10명 중 7명만 투표를 했다.

국회의원 선거는 더 심각하다. 1985년 12대 총선은 84.6%,
1988년 13대 총선은 75.8%, 1992년 14대 총선은 71.9%,
1996년 15대 총선은 63.9%, 2000년 16대 총선은 57.2%,
2004년 17대 총선은 59.9%의 투표율을 기록했다. 국회의원
선거의 투표율이 갈수록 떨어져 10명 중 6명만 투표하는 지경
에 이른 것이다.

광역 단체장, 기초 단체장, 광역 의원, 기초 의원 선거의 투표율은 더 심각하다. 제1회 전국동시지방선거(1995)는 68.4%, 제2회 전국동시지방선거(1998)는 52.7%, 제3회 전국동시지방선거(2002)는 48.8%의 투표율을 기록했다. 이것은 시민 10명 중 5명도 투표를 안 했다는 얘기다.

가장 심각한 것은 보궐 선거다. 각종 보궐 선거의 투표율은 아무리 높아도 40%를 넘지 못하고, 대부분 25∼35%에 머문다. 10명 중 3∼4명만 투표를 하는 것이다.

그래프로 표시해보면 모든 선거의 전반적인 투표율 하락 경향을 뚜렷이 볼 수 있다.

각종 선거 투표율 하락율

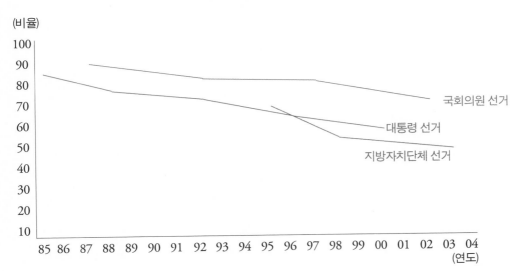

이렇게 투표율이 자꾸 낮아지는 이유는 무엇일까? 다시 말해, 사람들이 점점 더 정치에 무관심해지거나 반감을 갖게 되는 이유는 무엇일까? 정치인들이 본연의 역할을 하지 못하고 매일 싸우고만 있는 것처럼 보이기 때문이다.

정치인들의 패싸움에도 대의 민주주의의 메커니즘이 숨어 있다

도대체 정치가 무엇이기에, 배울 만큼 배운데다 투표에 의해 선출된 사람들이 그렇게 매일 치고받고 싸우는 것일까? 이는 우리나라만의 일이 아니다. 다른 나라 정치인들도 마찬가지다. 다른 나라에서도 정치인들은 하루가 멀다 하고 볼썽사납게 서로 헐뜯고 다툰다. 다만 싸우는 방법이 좀 세련될 뿐이다.

정치란 도대체 무엇인가? 정치란 가치의 배분을 둘러싸고 일어나는 대립과 갈등을 해결하는 활동이다. 정치가 필요한 것은 인간의 욕구는 무한한 반면 가치는 유한하기 때문이다. 대부분의 사람이 잘 먹고 잘살고 싶어 하는 데 반해 정신적 가치와 물질적 가치는 모두에게 그러한 욕구를 충족시켜줄 만큼 많지 않기 때문이다. 사람들은 부족한 가치를 놓고 서로 많이 차지하려고 싸우기 마련이므로, 이를 적절히 중재하는 장치가 없으면 인간은 일상 투쟁의 상태에 빠지게 된다. 정치는 바로 일상의 투쟁을 대화에 의한 타협으로 만들어가는 장치다.

정신적 가치 중의 하나인 호주제를 예로 들어보자. 호주제 폐지를 바라는 여성, 여성 단체, 시민들은 호주제 폐지가 여성의 권리 확장과 인권 신장에 아주 중요하다고 주장한다. 반면 일부 중장년층 남성, 유림 단체, 보수적인 시민들은 호주제 폐지는 전통적 가치에 위배되는 '말도 안 되는 일'이라고 주장한다. 양 진영이 팸플릿과 선전을 통해 자신들의 입장의 정당성을 주장한다. 양쪽의 주장이 갈수록 팽팽하게 맞서 폭발할 지경이다.

폭발 일보 직전에 같은 공간, 같은 시간에 양쪽이 집회를 열게 된다. 자칫하면 물리적 충돌이 발생할지도 모르는 상황이다. 어느 쪽의 손을 들어줄 것인지를 결정할 시점이 되었다. 힘으로 결정한다면 어느 누구도 승복하지 않을 상황이다. 그렇다면 누가, 어떻게 결정할 것인가? 바로 국회가 나서서, 호주제를 폐지하는 것과 폐지하지 않는 것 중에서 어느 쪽이 우리나라의 현실에 적합한지를 판단하고 그 판단을 반영한 법을 만들게 된다.

물질적 가치를 둘러싼 대립과 관련해서는 기업 도시를 예로 들어 생각해보자. 많은 기업들이 경제적 어려움의 해소, 생산 시설의 통합성으로 인한 생산 증대, 투자의 집약성과 효율성 등을 근거로 기업 도시를 희망한다. 반면 시민 단체와 노동 단체 등은 기업 도시 건설 자체가 기업에게 특혜를 주는 것이며 부동산 투기를 조장한다는 이유로 기업 도시에 반대한다. 파이를 키운다는 차원에서 기업 활동에 유리한 기업 도시를 허가해줘야 한다는 기업 측의 입장과 투기를 막고 부동산을 안정시키기 위해 기업 도시에 반대한다는 시민 단체의 입장 중에서 어느 것이 옳은가? 적절한 균형 장치가 없다면 양쪽 입장은 계속 서로 충돌할 뿐이다. 이러한 충돌을 막는 것이 바로 민의의 대변자인 국회다.

국회는 가치를 둘러싼 대립과 충돌을 막고 완화하고 조정하는 존재다. 국회의원은 이해관계를 달리하는 집단과 시민들을 대변하고 그들을 대신해 싸우는 사람들, 즉 민의의 대변자다. 그래서 그들은 자신들이 대변해야 할 민의를 지키기 위해서 단상을 점거하고, 의사봉을 빼앗고, 멱살잡이와 주먹다짐을 벌이기도 한다. 국회의원의 소임을 생각하면 정치에서 이러한 일이 꼭 부정적인 것만은 아니다. 그런데 시민들이 이런 추한 모습의 정치에 지나치게 염증을 느껴 아예 투표를 하지 않게 된다면 오히려 정치는 더 큰 위기를 맞게 된다. 대의제를 토대로 하는 민주주의 국가에서 투표율이 하락하면 어떤 현상이 발생할까?

 생각거리

잘 알려진 우화 한 편을 보자. 이 글을 읽고 민주주의란 무엇인지, 민주주의에 싫증이 나 민주주의를 포기한다면 어떤 사태가 올 것인지 생각해보자.

왕을 달라고 하는 개구리들

민주 정치가 싫증이 난 개구리들이 소동을 일으켜서 유피테르는 마침내 그들을 군주 정치로 누르려 했다. 그들에게 평화스러운 왕이 하늘에서 내려왔다. 하지만 이 왕이 떨어질 때 너무나 큰 소리가 났기 때문에 너무 어리석고 겁이 많은, 늪에 사는 개구리들은 물 속에 숨고 골풀 속으로, 갈대 속으로, 늪 속으로 숨어버렸다.

한때는 새로운 거인이라고 생각하여 그 모습조차도 감히 볼 용기가 없었다. 그런데 그것은 하나의 들보였다. 처음에 그의 침묵은 개구리들은 겁먹게 했으나 조금씩 조금씩 가보고 싶은 용기를 내게 하여 개구리 한 마리가 처음으로 밖에 나왔다. 벌벌 떨면서 가까이 갔다. 또 한 마리가 그 뒤를 따르고, 또 한 마리가 그 뒤를 따랐다. 모두 개미 떼처럼 모여서 마침내 익숙해지자 왕의 어깨 위에 뛰어오르게 되었다. 인자한 군주는 이것은 참고 묵묵히 있었다.

유피테르는 그 때문에 또 머리를 앓았다. "움직이는 왕을 주세요" 하고 개구리들이 말했다. 신들의 왕은 학을 한 마리 보냈다. 이 왕은 개구리를 먹고, 죽이고, 마음대로 삼켜서 개구리들은 곧 불평을 했다.

유피테르는 그들에게 말했다.
"도대체 너희가 원하는 게 뭐냐? 나를 마음대로 부려먹겠다는 거냐? 처음부터 너희 나라는 너희끼리 다스렸어야 하지 않았느냐? 그런데 그것을 못했기 때문에 관대하고 순한

유피테르Jupiter는 로마 신화에 등장하는 신 중에서 최고의 신으로, 그리스 신화의 제우스Zeus에 해당한다.

왕을 보내지 않았더냐? 이번 왕으로 만족해라. 더 나쁜 왕이 올지
도 모르니깐 말이다."

—라 퐁텐,《우화집》상, 민희식 옮김(지식산업사, 2004)

투표의 포기는 민주주의의 포기

초여름의 문턱에서 한밤중에 한적
한 시골 마을을 걸어본 적이 있는가? 개구리 울음소리가 여간
시끄러운 게 아니다. 하지만 조금만 지나면 익숙해지고 정겨워
진다. 개구리들이 저마다 목청껏 소리를 내지만 마치 합창을
하듯이 박자가 맞는다. 민주주의란 이런 것이다. 저마다 목청
껏 떠들어대되 나름대로 조화가 유지되도록
하는 것이다. 이는 눈을 부라리며 주먹을
불끈 쥔 사람들을 싸움 대신 대화로 이끌
어 타협점을 찾게 하
는 것을 통해 실현
된다. 그리고 이런
기능을 하는 것이
바로 국회의원이고,
시의회 의원이고, 구의
회 의원이다. 이런 점에
서 민의의 대변자인 이들

을 선출하는 것은 우리 자신의 이익을 위해서, 그리고 민주주의의 근간을 위해서 대단히 중요한 일이다. 투표에 참여하지 않는 것은 바로 정치를 포기하는 것이고, 민주주의의 종언을 부추기는 것이다. 현실 정치가 불만스러울 때 투표를 포기할 것이 아니라 더 적극적으로 투표에 참여해 정치인을 바꾸려고 노력하는 것이 민주주의 국가의 시민이 취해야 할 올바른 태도다.

 생각거리

아래의 글은 투표율이 지속적으로 하락하자 중앙선거관리위원회가 교육 지책으로 내놓은 '투표 참여자 우대 제도'에 대한 것이다. 투표율 하락 방지라는 차원에서 이 제도의 장점을 생각해보자. 또한 시민의 의사 결정의 자유권에 대한 침해라는 차원에서 이 제도의 단점을 생각해보자.

투표 참여자 우대 제도(참정 마일리지) 도입 검토

중앙선거관리위원회는 투표율의 지속적인 하락으로 대의 민주주의의 의의가 퇴색되고 나아가 민주주의의 위기로까지 지적되고 있어 투표율 제고에 대한 특단의 대책이 필요하나 종래의 투표 참여 홍보 활동만으로는 투표율을 높이는 데 한계가 있다고 보고 '투표 참여자 우대 제도' 도입을 추진하기로 했다고 밝혔다.

중앙선관위는 투표율 제고를 위해 기권자에게 벌금 등 불이익

(페널티)을 주는 방안도 다양하게 제시되고 있으나 페널티를 통해 투표를 강제하는 것보다는 투표 참여자에게 혜택(인센티브)을 주어 투표에 참여토록 하는 것이 바람직하다고 보고 우대 제도를 추진키로 했으며 이러한 방안은 향후 도입될 전자 투표제와 연계해 연구·검토해나갈 것이라고 밝혔다.

'투표 참여자 우대 제도'는 공직 선거나 국민 투표에 참여하여 투표권을 행사한 유권자에게 각종 혜택을 주는 제도로서

1) 선거관리위원회 위원 위촉이나 선관위의 선거부정감시단 선발시 우대하는 방안

2) 공무원이나 공기업 직원 채용 시 사회 봉사 활동, 기부 실적 등과 함께 투표 참여 여부도 면접 시험에 참고 자료로 활용토록 하는 방안

3) 선거권 행사 여부를 공직 선거 피선거권 요건으로 포함시키는 방안 등 사회적 혜택 방안과 함께

4) 국립 공원, 박물관 등 문화재, 공영 주차장과 같은 공공 시설 이용 시 면제 또는 할인 혜택을 부여하는 등 다양한 방안이 검토될 수 있으나 중앙선관위는 각각에 따른 문제점을 면밀히 검토하고 정치권과 유관 기관·단체와도 충분한 협의를 거친 후 시행할 계획이다.

중앙선관위는 투표 참여 유도를 위해 전자 투표제 도입, 부재자 신고 대상자 확대 등 투표 환경 개선 노력을 적극 추진하되 이와 병행하여 투표 참여자 우대 제도의 도입을 추진하기로 했으며 다만, 일시적인 이벤트성 방안보다는 장기적이고 지속적으로 시행 가능한 방안들을 심도 있게 연구하여, 2007년까지는 투표 참여자

에게 '투표 참여 확인서'를 발급하여 활용하고, 2008년 국회의원 총선거 이후부터는 전자 투표 시스템과 연계하여 '투표 참여 인증 시스템'을 구축하고 투표 참여자 우대 제도를 본격적으로 실시할 방침이다.

—중앙선거관리위원회 발표 자료(2005년 2월 23일)

2. 대폭발
—참여하는 시민

아리랑

혹시 2002년 월드컵 때 여럿이 모여서 응원을 해본 적이 있는가? 그렇다면 목청껏 〈아리랑〉을 불러봤을 것이다. 처량하고 한으로 가득 찬 아리랑이 아니라 월드컵 당시에 유행했던 윤도현 버전의 아리랑을 말이다. "아리랑 아리랑 아라리요 아리랑 고개로 넘어간다 나를 버리고 가시는 님은 십 리도 못 가서 발병 난다, 오……아리랑 아리랑 아라리요 아리랑 고개로 넘어간다 나를 버리고 가시는 님은 십 리도 못 가서 발병 난다."

나 하나의 아리랑이 손을 맞잡은 엄마와 아이의 수천의 아리랑이 되고, 초 · 중 · 고등학생이 가세한 수만의 아리랑이 되고, 온 나라 시민이 참여한 수십만, 수백만의 아리랑이 되어 광화문과 시청을 넘어 방방곡곡에 울려 퍼졌다. 흥겹다. 신난다. 가슴이 찡하다. 머리가 쭈뼛 서는 것 같다. 왠지 모르게 눈물이 날 것 같다. 지금도 그 순간을 생각하면 가슴이 두근거리고 심장 박동이 빨라진다. 머리가 잠깐 동안 멍해지는 것 같다. 광화문의 그 넓은 도로와 시청 앞의 그 너른 광장을 아리랑으로 가득 채웠던 기억이 내 몸과 피에 새겨져 있다.

폭발

　　　　월드컵을 전후로 시민들의 사회 참여가 폭발적으로 늘어났다. 월드컵 응원에 참여하는 것은 서막이었을 뿐이다. 미군 장갑차에 희생된 효순·미선 양을 추모하는 촛불 집회에도 수많은 시민이 자발적으로 참여했다. 2002년의 16대 대통령 선거에서는 많은 시민들이 특정 후보를 지지하기 위해 자발적으로 '노사모', '창사랑' 같은 단체를 만들어, 자발적으로 후원금을 걷고 홍보를 하고 토론에 나섰다. 미친 듯이 참여하고 또 참여했다. 지역의 권익을 보호하려는 차원에서의 참여도 예외가 아니었다. 새만금 간척 사업과 핵 폐기장 건설을 반대하는 지역 주민들이 격렬한 저항으로 의사 표시를 했다. 그리고 직접 투표를 통해 무엇이 우리 지역에 올바른가를 결정했다. 그런가 하면 보수 시민 단체들과 교회가 주관하는 집회에도 수많은 시민이 자발적으로 참여했다. 고속 철도를 위해 산에 터널을 뚫으면 늪지가 훼손된다며 터널 공사에

 시민 참여의 중요한 형태 중 하나는 지역 현안에 지역 주민이 직접 참여하는 것이다. 주민의 참여는 직접 민주주의의 실현으로 나타나기도 한다. 부안 핵 폐기장을 둘러싸고 지역 주민들이 실시한 주민 투표가 대표적인 예다. 지역 주민의 참여는 앞으로 계속 늘어날 것이고, 대의제 민주주의의 또 다른 대안으로 등장할 가능성이 높다.

단식으로 맞서는 사람도 있었다.

월드컵 이전에도 물론 참여는 있었다. 그러나 그것은 전체 시민의 참여가 아니라 일부 시민, 즉 높은 정치 의식을 갖고 있는 지식인, 학생, 노동자들만의 참여였다. 그 참여는 다수 시민의 동의를 끌어내기보다는 우리 사회가 앞으로 어떻게 발전되어가야 하는지를 밝혀주는 선도적인 것이었다. 다수 시민에게 참여의 중요성을 가르쳐주기보다는 나아가야 할 길을 가르쳐주는 것이었다.

생각거리

다음 글은 우리나라의 대표적인 시민 단체인 '참여연대' 창립 선언문으로, 시민의 참여가 왜 중요한지를 잘 말해주고 있다. 이 글을 읽고 시민의 참여가 일반화될 수 있는 역사적 상황에 대해 알아보자. 그리고 시민의 참여가 왜 시대적 과제가 되었는지, 시민의 참여가 어떤 변화를 가져올 것인지 생각해보자.

참여연대 창립 선언문
─참여와 인권이 보장되는 민주 사회를 함께 열어갑시다

지금 우리는 시대적 전환기에 서 있습니다.
경제 성장이라는 구실을 내걸며 30년이 넘는 긴 세월 동안 국

참여하는 시민 즐거운 정치 ── 202

민 위에 군림하던 군부 정권은 마침내 국민의 결집된 힘 앞에 굴복했습니다. 소련과 동유럽 공산권의 붕괴를 계기로 한반도를 둘러싼 국제 정세도 시시각각으로 변화하고 있습니다. 뿐만 아니라 국가 간의 경쟁이 가속되면서 세계의 질서를 근본적으로 개편하는 움직임도 일고 있습니다.

……우리는 변화에 변화를 거듭해온 현실을 직시하면서 모두가 참여하는 사회, 정직하고 성실한 사람이 인간다운 삶을 영위할 수 있는 사회를 실현하기 위하여 연대의 깃발을 들고자 합니다.

80년대까지는 민주주의를 쟁취하기 위한 행동은 최루탄 연기가 자욱한 길거리에서 벌어졌습니다. 그러나 이제는 상황이 다릅니다. 새로운 시대를 맞이하여 참된 민주주의를 건설하기 위한 행동은 사회와 정치 무대의 한복판에서, 그리고 국민의 일상생활의 과정에서 일어나야 합니다. 민주주의란 문자 그대로 국민이 나라의 주인이라는 것을 뜻합니다. 그럼에도 불구하고 지금까지는 주인이 머슴처럼 취급받고 국민의 공복에 불과한 사람들이 주인 위에 군림하는 시대착오적인 현상이 만연해왔습니다. 누가 권력을 잡든 이러한 본말 전도적 현상을 스스로 개선하려 하지 않습니다. 따라서 국민 스스로의 참여와 감시가 필요합니다. 몇 년에 한 번씩 투표를 함으로써 나라의 주인의 지위를 확인할 수 있는 것이 아닙니다. 명실상부한 나라의 주인이 되기 위해서는 매일매일 국가 권력이 발동되는 과정을 엄정히 감시하는 파수꾼이 되어야 합니다.

우리가 추구하는 민주주의는 인간성의 존엄이 실현되고 인권 보장을 으뜸의 가치로 삼는 정치 이념입니다. 그동안 우리는 비인도적, 반인권적 권력에 맞서 싸우면서 자유롭게 말하고 평화롭게 효순·미선양 사건과 관련된 미군 문제처럼 한 가지 사안에 대해 서로 대립되는 두 방향의 참여가 나타난 사례를 찾아보자. 이처럼 대립된 주장과 대립된 참여의 사례를 통해 우리 사회에서 쟁점이 되고 있는 문제들은 어떤 것이 있는지 알아보고, 각 주장의 장단점을 생각해보자. 또 대립된 주장과 참여가 하나의 합일된 길로 나아간 사례가 있는지 알아보고, 어떻게 그것이 가능했는지 알아보자.

행동할 수 있는 권리를 확보하고자 힘써왔습니다. 그러나 시민적, 정치적 권리를 확보하는 과제는 미완의 숙제로 남아 있습니다. 새로운 세기의 도래를 눈앞에 두고 있는 지금 우리는 시급히 해결해야 할 수많은 사회 문제, 인권 문제를 안고 있습니다. 소외된 자, 억압받는 자에 대한 무관심은 동료 시민으로서의 신성한 의무를 방기하는 태도입니다. 우리는 기필코 신체적, 정신적, 사회적으로 어려움에 처한 이웃들이 보다 인간답게 살 수 있는 여건을 함께 만들어가야 하겠습니다.

……오랜 산고 끝에 우리는 새로운 사회의 지향점을 '참여'와 '인권'을 두 개의 축으로 하는 희망의 공동체 건설로 설정했습니다. 우리는 '참여 민주 사회와 인권을 위한 시민 연대'(약칭 참여 연대)가 여러 시민들이 함께 모여, 다 같이 만들어가는 공동체의 조그만 밑거름이 되기를 바라 마지않습니다. 모두가 힘을 합쳐 새로운 시대, 참여와 인권의 시대를 만들어갑시다.

그러나 이제 참여는 일상이 되었다. 남녀노소에 관계없이 자신이 원하는 바, 옳다고 생각하는 바를 밝히며, 사회가 그렇게 되어가기를 희망한다. 때로는 한 가지 사안에 대해 서로 대립되는 두 방향의 참여가 동시에 나타나기도 한다. 이때 누가 맞고 틀리고를 따지는 것은 적절치 않다. 각자 세상을 보는 눈이 다르기 때문에 다르게 참여하는 것일 뿐이다. 그리고 누구나 참여를 통해 자신의 주장을 시민에게 설득할 수 있다. 자신의 주장이 더 현실적이고 올바르니 지지해달라고 말할 수 있다.

드러내기와 들어내기

참여는 정치적인 문제를 비롯한 공적인 문제에 대해 자신의 의견을 명확하게 표명하는 것인 동시에 이 의견을 관철하기 위해 행동하는 것이다. 시민은 이러한 참여를 통해 국가와 사회의 수동적 주체가 아닌 적극적 주체가 되며, 공적인 문제에 영향력을 행사하게 된다. 이러한 참여는 기본적으로 '드러내기'다.

첫째, 참여는 '나를 드러내기'다. 참여하기 위해서는 마음속으로 생각하는 것으로 끝나서는 안 된다. 참여는 공적인 문제에 대해 의사를 분명하게 표현하는 것이다. 참여는 '나는 이렇게 하는 것이 옳다고 생각한다' 또는 '나는 그렇게 하는 것은 잘못이라고 판단한다'라고 드러내는 것이다. 이로써 나는 나와 같은 생각을 가진 사람들과 연대할 수도 있게 된다.

둘째, 참여는 '집단 의사의 드러내기'다. 참여는 마음속에 갖고 있는 인식이나 태도가 아니다. 참여는 철저하게 행동하는 것이다. 참여는 '나 하나의 행동'이 '다수의 행동'이 되는 것이다. 참여는 '나 하나의 행동'을 통해 나와 생각을 같이 하는 사람들을 모으는 것이고, 같이 행동하는 것이다. 그럼으로써 '우리는 이렇게 생각하는 것이 옳다' 또는 '우리는 그렇게 하는 것이 잘못되었다고 판단한다'고 우리의, 집단의 의사를 드러내는 것이다.

셋째, 참여는 '문제를 드러내기'다. 참여는 감추고 싶은 것이나 부끄럽게 여기는 것을 나의 입으로, 우리의 입으로 드러내는 것이다. 문제를 드러냄으로써, 공적 논의의 장에서 그 문제에 대한 해결책을 진지하게 토론하게 하려는 것이다.

이러한 '드러내기'의 결과는 한마디로 '들어내기'다.

첫째, 참여는 부정과 부패를 들어내는 것이다. 참여는 몸에서 곪아터진 환부를 도려내듯이 국가와 사회에서 정체되어 썩어 있는 부분을 들어내게 만든다.

둘째, 참여는 자격 없는 정치인을 들어내는 것이다. 참여는 구태의연한 정치인을 정치의 영역에서 축출하고 제거하게 만든다. 그럼으로써 정치를 시민이 원하는 방향으로 끌고 가는 것이다.

셋째, 참여는 불필요한 법을 들어내는 것이다. 참여는 사문

화된 법을 폐지하게 만든다. 그럼으로써 시대에 맞는 새로운 법을 제정하고 시대의 흐름에 맞게 법을 개정하도록 유도하는 것이다.

넷째, 참여는 과도한 세금을 들어내는 것이다. 참여는 시민들에게 세금이 적절하게 부과되는지 시민 스스로 확인하게 만든다. 그럼으로써 시민이 부적절하게 많은 세금을, 혹은 부적절하게 적은 세금을 내지 않게 하는 것이다.

참여는 힘이다

참여는 힘이다. 그것도 아주 커다란 힘이다. 참여는 궤도를 바꾸는 힘이고, 사회를 이끌어 가는 기관차다. 참여는 시민의 이익을 증대시키고, 정치의 흐름을 바꾸고, 제도와 법을 변화시키고, 시민의 의식을 바꾸고, 나아가 사회와 국가를 변화시킨다.

참여는 직접 민주주의의 실현이다. 오늘날 시민의 참여가 더욱 절실한 것은 대의제 민주주의의 한계 때문이다. 시민의 대변자이자 대표자인 국회의원, 광역의회 의원, 지방자치단체 의원은 시민의 이익과 의사를 모두 다 대변할 수 없다. 행정가들은 시민의 직접적인 이익을 고려하지 않고, 시민의 의견을 들어보지 않은 채 책상머리에서 결정을 내리기 십상이다. 또 경제 권력을 가진 자들은 자신들만의 무한 이익을 추구하는 행동을 할 수 있다. 이러한 상황에서 조정자 역할을 해야 할 정치

참여의 결과를 '들어내기'라는 말로 살펴보았다. 참여의 결과로 나타날 수 있는 다양한 들어내기의 예로서 위에 열거한 것 외에 어떤 것들이 있는지 생각해보자.

인마저 시민의 의사를 고려하지 않은 채 자의적 결정, 무책임한 결정과 권위주의적 결정을 내릴 수 있다. 이때 필요한 것이 시민의 참여다.

시민의 참여는 정치와 현실을 연결해주는 쐐기이자 돌쩌귀다. 참여 없는 정치는 시민에게 정치가 무시당하는 것인 동시에 정치로부터 시민이 무시당하는 것이다. 국가와 사회가 커질수록, 행정의 영역이 커질수록, 이해 갈등이 커질수록, 다양성이 급증할수록 시민들의 참여는 더더욱 절실하게 요구된다.

생각거리

다음 글은 참여연대의 조세개혁팀이 불합리한 세제를 바꾸기 위해 노력한 결과다. 이처럼 시민들의 참여가 실질적 효과를 거둔 사례를 조사해보자.

참여연대가 되찾아온 국민의 돈 4조 6,430억

"내 돈 돌리도!!!" 한번쯤 이렇게 외쳐보고 싶지 않았습니까. 부패한 공직자들에 의해 낭비된 세금, 근거도 없이 부과되는 공과금, 월급 생활자와 시민들에게는 악착같이 세금을 걷어 가면서 재벌 3세의 수백억 원 탈세는 눈감아주는 불공정한 세정. 억울하게 뜯기고 낭비되는 줄 알면서도 속수무책이었던 국민의 돈. 이것을 되찾기 위해 참여연대는 지난 7년간 애써왔습니다. 물론 제도 개혁이나 부패 감시를 통해 기여한 돈으로 환산할 수 없는 많은 가치들은 일단 예외로 치고 돈으로 계산할 수 있는 부분만 모아도 대충 4조 6,000억 원이 넘는 어마어마한 금액입니다. 국민 한 사람 앞에 현찰로 대략 100만 원이 넘는 돈을 돌려드린 셈입니다…….

연간 1,336억 원, 자동차 면허세 폐지

조세개혁팀은 면허세 폐지를 위해 감사원에 심사 청구를 하고, 인터넷 서명 운동을 전개하는 한편, 토론회를 개최하는 등 다각적인 운동을 했습니다. 면허세 폐지 운동이 본격화되자 정부는 처음에는 세수 감소를 이유로 부정적인 반응을 보이다가 결국 2000년 세법 개정에서 면허세 폐지를 결정했습니다. 이로써 국민들이 부

담하던 1,440억 원가량의 세금을 더 이상 부담하지 않아도 되게 한 것입니다……

전체 등록 차량의 80%, 중고 자동차에 부과되는 세금 줄여

중고 자동차에 부과되던 자동차세 3,000억 원을 줄였습니다. 그동안 자동차세는 배기량만을 기준으로 부과했기 때문에, 실제 재산 가치가 거의 없는 중고 자동차의 경우 세금이 차량 가격보다 더 많은 우스운 상황이 벌어지기도 했습니다.

참여연대 조세개혁팀은 이 불합리한 세제를 개선하기 위해 자동차세는 배기량 기준뿐만 아니라 차량 등록 연도에 따라 부과되어야 한다고 주장했습니다. 그 결과 2001년 7월 1일부터 중고 자동차에 대한 자동차세 인하가 이루어졌습니다.

최초 등록 후 3년이 되는 해부터 매년 5%씩 최고 50%까지의 세금을 인하하게 함으로써 전체 등록 차량의 80%에 해당하는 중고 차량의 세금이 줄어들었습니다. 차량에 따라 매년 수만 원에서 수만 원까지 자동차에 부과되던 세금이 가벼워진 것입니다.

—2002년 참여연대 창립 8주년 기념 자료, 〈희망을 말한다〉

3. 전쟁터에서 살아남는 법
―대화와 타협

죄수의 딜레마

　　　　　　　말단 이 형사. 그저 주먹만 잘 쓰고, 물증 대신 패기만 넘친다. 그렇고 그런 영화에 나오는 폭력 형사와 똑같은 이미지. 그런 이 형사가 승승장구 승진 가도를 달리게 되었으니 이유는 단 하나, 범죄자들의 간단한 심리를 이용한 덕분이었다. 증거를 확보하지 못한 상태에서도 그가 용의자를 붙잡고 몇 번 심문하기만 하면 용의자들이 알아서 술술 불어댔다.

　이 형사가 사용한 방법은 의외로 간단한 것이었다. 두 명의 공범 용의자가 있을 때 이들을 다른 방에 격리시켜 만나지 못하게 한 채 이들 각자에게 다음과 같이 말하는 것이다. "너의 범죄 사실을 자백해라. 자백하지 않으면 20년 형을 살게 하겠

다. 자백하면 수사에 협조한 대가로 너는 1년만 살게 하고 다른 놈은 20년을 살게 하겠다. 단, 둘 다 자백하면 둘 다 10년 형을 살게 하겠다."

그러면 용의자들은 어떤 선택을 내릴까? 이 형사의 말에 따르면 용의자들은 이 경우 심각한 고민에 빠지게 된다. 두 사람이 다 자백하지 않고 버티면 이들은 증거 불충분으로 풀려날 것이다. 그러나 대개의 용의자들은 공범이 침묵을 지킬 것이라고 확신하지 못한다. 공범이 자백을 할지 안 할지 확인할 길도 없다. 그래서 공범은 자백을 해서 1년 형을 받고 자기는 자백을 하지 않아서 20년 형을 받게 되는 게 아닐까 걱정하게 된다. 결국 이들은 공범이 자백할 것이라고 확신하게 되고, 자기만 20년 형을 받을 수는 없다고 생각하게 된다. 그리고 마침내 자백을 하게 된다. 공범이 절대 자백하지 않으리라는 확신만 갖고 있다면 두 용의자 모두 풀려날 수 있었을 텐데 말이다.

이것이 흔히 말하는 죄수의 딜레마다. 이를 간단하게 표현하면 아래와 같은 표가 된다.

죄수의 딜레마

용의자 을 \ 용의자 갑	자백	부인
자백	갑 10년 / 을 10년	을 1년 / 갑 20년
부인	을 20년 / 갑 1년	갑 3일 / 을 3일

최선의 선택, 최악의 결과

공범자 갑과 을은 결국 상호 배신으로 인해 10년 형을 살게 된다. 왜 이들은 동료를 신뢰하지 못하고 자백을 하게 되는 것일까?

첫째, 혼자 죄를 뒤집어쓰고 싶지 않기 때문이다. 자백하지 않으면 결국 자기가 죄를 다 뒤집어쓰고 20년을 감옥에서 살아야 한다.

둘째, 감형의 유혹이 따르기 때문이다.

셋째, 도박을 하고 싶지 않기 때문이다. 동료가 자백하지 않으리라는 보장이 없으니 차라리 자백을 하는 것이 안전하다고 생각한다.

죄수의 딜레마는 다양한 영역에 적용될 수 있다. 죄수의 딜레마를 통해 설명할 수 있는 다양한 사례를 찾아보고, 왜 자신에게 최선인 선택이 모두에게 최악의 결과를 가져오는지에 대해 생각해보자.

이러한 이유로 이들은 자백을 하기에 이르며, 그 결과 10년 형을 살게 될 뿐만 아니라 친구도 잃게 된다.

두 용의자는 각자 자신의 이익을 지키기 위한 최선의 선택을 했지만, 그것은 최악의 결과를 가져온다. 왜 이런 결과가 나왔을까? 첫째, 서로의 이익이 갈등을 일으키면 상호 협력보다는 배신이 자신에게 이익이 된다고 판단하기 때문이다. 둘째, 서

로 신뢰하지 않았기 때문이다. 셋째, 더 중요한 것은 신뢰를 유지시켜줄 대화를 할 수 없었기 때문이다. 즉 두 범인이 격리돼 있지 않고 함께 대화를 나눌 수 있는 상황에 있었다면 절대 자백하지 말자고 서로 약속할 수 있었을 테고, 따라서 동료의 배신을 우려해 자신도 배신함으로써 결국 모두에게 화를 초래하는 일은 없었을 것이다. 신뢰와 대화의 결여가 관련자 모두에게 해를 입히는 최악의 결과를 낳게 된 것이다.

생각거리

다음 글은 죄수의 딜레마를 국제 정치에 도입해 설명한 것이다. 이 글을 읽고 죄수의 딜레마에서 벗어날 수 있는 올바른 방법이 무엇인지 생각해보자.

……42년 전 미국은 '소련 무기 원조 협정'을 체결한 쿠바가 자신의 코앞에서 미사일 기지를 건설하는 것을 확인한 뒤 해상 봉쇄 조치를 취했다. 이때부터 미국과 소련 간 한 치의 양보도 없는 기 싸움은 시작됐다. 핵전쟁 발발 직전까지 치닫던 이때의 위기는 흐루시초프 소련 서기장이 미사일을 전격 철거하고 쿠바로 향하던 16척의 소련 선단에 회항을 명령함으로써 마무리됐다. 결과적으로, 미국의 시각에서, 흐루시초프는 겁쟁이가 됐고 케네디는 영웅이 됐다.

쿠바 미사일 위기는 원자폭탄 개발 계획인 '맨해튼 프로젝트'에

1959년 쿠바가 사회주의 혁명에 성공하자, 미국은 군사와 외교 수단을 동원해 쿠바에 압박을 가했다. 그러자 쿠바는 1962년 사회주의 강국인 소련과 무기 원조 협정을 맺고 소련의 미사일을 도입했다. 쿠바를 둘러싼 이 사건으로 미국과 소련은 일촉즉발의 위기까지 치달았다. 그러나 미국의 쿠바 불침공과 쿠바 내 소련 미사일 기지 철거라는 타협으로 위기는 해소되었다.

참여했던 천재 수학자 존 폰 노이만(1903~1957)이 창시한 게임 이론 중 겁쟁이 딜레마의 전형적인 예로 거론된다. 게임 이론은 자신의 이익을 최대화하려 하며 잠재적으로 상대를 속이고 변절할 가능성이 있는 적수들 사이에서 일어나는 갈등에 관한 연구다.

이중 겁쟁이 딜레마는 냉전 시대 노이만과 함께 핵 확산을 막기 위한 합리적 해결책으로 '예방 전쟁'(적국이 공격하기 전 기습 선제 공격으로 적국을 초토화시키는 전략)을 주장했던 버트런드 러셀이 《상식과 핵전쟁》(1959)이라는 저서에서 소개한 이론이다. 그는 제임스 딘이 주연한 영화 〈이유 없는 반항〉에서 나온 '겁쟁이 게임'에 착안해 게임 이론의 딜레마를 설명한다. 겁쟁이 게임에서 승자는 벼랑을 향해 달리는 두 차의 운전자 중 차에서 늦게 뛰어내리는 사람이고, 패자는 '겁쟁이'라는 오명을 뒤집어쓴다.

러셀은 이 게임이 그 경쟁자들의 생명만 위태롭게 하는 자동차 게임이 아니라 수억 명의 생명을 위태롭게 하는 정치가들에 의해 행해질 경우를 가정한다. 그는 "양측 모두 자신은 고도의 지혜와 용기를 보이고 있고 상대방은 비난받아 마땅하다고 생각한다"며 "이는 터무니없지만 양쪽 모두 믿을 수 없을 만큼 게임에 몰두한다"고 말한다.

정치가들은 어느 순간 핵에 의한 멸망보다도 체면을 잃는 것을 더 두렵게 느낀다. 이들은 상대방의 속내가 어떤가를 전혀 알 방법이 없다. 이 게임에서는 무모하고 호전적인 국가가 주도권을 갖게 마련이다. 서로의 실력이 대등한 상황에서 핵무기 버튼을 누르겠다고 허풍을 떨고 속임수를 동원하고 상대편의 전략을 간파하고, 또 이를 통해 상대방의 양보를 이끌어내는 게 이 게임에서 최선의 결과다.

러셀은 쿠바 미사일 위기가 핵전쟁으로 확대될 수 있음을 경고하며 케네디와 흐루시초프, 그리고 우탄트 유엔 사무총장에게 전보를 보냈다. 결과적으로 이 위기는 러셀이 겁쟁이로 전락할 수 있는 흐루시초프의 체면을 살려주는 선에서 최악의 상황을 예방할 수 있었다. 케네디는 1961년 피그스 만 침공으로 위신이 실추된 상태여서 더 이상 물러설 곳이 없었다. "쿠바에서 미국의 정당화될 수 없는 행동에 의해 당신이 도발되지 않기를 호소합니다"라는 러셀의 전보를 흐루시초프는 주목했다.

동서 양 진영에서 존경받는 지식인이었던 러셀의 전보와 그 안에 담긴 공개적인 반미 정서는 비록 그가 미국 측 협상 대리자의 위치에 있지는 않았지만, 소련이 물러설 수 있는 훌륭한 핑곗거리가 될 수 있었다. 흐루시초프는 공개 답변서를 보내 "미국의 부당한 행동에 의해 분별없는 결정이 도발되는 일을 허용하지 않을 것을 보증한다"고 약속했고, 러셀은 "당신이 참을 수 없을 만큼 지나친 일이라고 여길 수도 있는 희생을 요구합니다"라고 화답했다. 그리고 위기는 종식됐다……

—〈세계일보〉, 2004년 12월 11일

사회라는 전쟁터에서 살아남는 방법

《삼국지》에는 난세를 사는 방법 중에 배신도 하나의 중요한 덕목인 것으로 나온다. 배신의 귀재는 맹달이다. 맹달은 '최소 투자, 최대 효과', '적절한 타이밍', '생존 보장'을 근거로 배신을 일삼는다. 그는 자신의 이익을 추구하기 위해 유비가 익주에 들어오도록 유장을 배신했고, 다시 유비의 촉을 배신해 관우를 죽음에 이르게 한다. 배신의 귀재였던 맹달은 결국 배신을 당해 죽는다.

현실 사회는 이익과 이익이 항상 충돌을 일으키는 곳이다. 내가 조금 더 많은 이익을 가져오면 다른 사람의 이익은 줄어들기 마련이다. 사람들은 흔히, 이익을 둘러싼 갈등이 있을 때 협력하는 것보다는 배신하는 것이 유리하다고 생각한다.

조금 과장되게 이야기하면 '내가 죽이지 않으면 내가 죽는' 곳이 사회다. 이런 점에서 사회는 전쟁터다. 승진을 위해 동료들과 경쟁을 해야 하며, 자신이 갖고 있는 비장의 정보를 다른 사람과 공유해서는 안 된다. 자기 회사의 물건을 하나라도 더 팔기 위해서는 다른 회사의 물건이 팔리지 않도록 좋든 나쁘든 온갖 방법을 동원해야 한다. 설사 그 회사에 자신의 절친한 친구가 있다 해도 마찬가지다. 자신이 살고 있는 지역에 조금이라도 해가 되는 일이 있거나 이익이 되는 일이 있으면 당장 머리띠를 두르고 나서야 된다. 그런 점에서, 비록 수많은 사람들이 함께 모여 사회를 이루고 살아가고 있지만 시민은 망망대해에 떠 있는 각각의 외로운 섬이다.

이익과 이익이 갈등을 일으키고 배신과 배신이 횡행하는 사회에서 살아남을 수 있는 방법은 무엇일까? 상대방을 완벽하게 속일 정도의 교활함과 어떤 경우에도 배반당하지 않을 정도의 노련함을 갖춘 여우가 되는 것이다. 상대방을 압도할 가공할 무기를 갖추는 것, 예컨대 강인한 체력, 뛰어난 외국어 실력과 정보 검색 능력, 돈과 권력을 소유하는 것이다. 그럴듯해

보이지만 틀린 답이다. 아무리 그래봐야 자신보다 교활하고 능수능란한 사람, 자신보다 능력 있는 사람이 아주 많기 때문이다. 따라서 남에게 배신당할 가능성은 항상 존재하고, 남에게 힘으로 압도당할 가능성도 항상 존재한다.

마음 터놓고 이야기하기

전쟁터와 다름없는 사회에서 살아남는 방법은 무엇일까? 정답은 '대화'다. 그것도 마음 터놓고 하는 대화다. 이익 상충에 따른 갈등을 배신과 힘으로 해결할 수 없다면, 대화야말로 가장 좋은 해결 수단이 된다. 그리고 민주주의는 대화를 이상으로 하는 정치 체제다. 대화에서 시작해서 대화로 끝나는 것이 바로 민주주의다.

사회에서는 이익과 이익이 늘 첨예한 대립과 갈등을 일으키고 있지만 그럼에도 대화는 얼마든지 가능하다. 첫째, 사회에서는 갈등의 관련자들이 죄수의 딜레마의 용의자들처럼 서로 격리되어 있지 않다. 둘째, 사회에는 용의자들에게 동료에 대한 불신을 부추기고 그들이 당할 불이익을 끊임없이 환기시키는 형사가 존재하지 않는다. 따라서 마음만 먹으면 얼마든지 대화가 가능한 곳이 바로 사회다.

그렇다면 어떤 방법으로 대화를 해야 하는가?

첫째, 대화의 기본은 흉중을 털어놓는 것이다. 즉 나는 이 일을 어떤 관점에서 바라보고 있으며, 이 일이 나의 이익과 어

후카사쿠 긴지(深作欣二) 감독이 연출한 일본 영화 〈배틀 로얄〉은 고등학생들을 무인도에 데려다 놓고, 최후의 한 사람이 남을 때까지 서로를 죽이게 한다는 끔찍한 내용을 담고 있다. 이것은 우리의 현실을 극단적으로 표현한 것이다. 무인도는 우리가 사는 사회고, 그곳에서 살아남기 위해 몸부림치는 학생들은 바로 우리 자신이다. 상대방을 죽이지 않으면 살아남을 수 없는 사회. 그러나 어느 누구도 다른 모든 사람을 능가하는 절대 무기를 가질 수 없고, 절대 강자가 될 수 없다. 영화에서 학생들이 모두 살아남을 수 있는 유일한 방법은 다 아는 것처럼 대화. 전쟁터 같은 사회에서 살아남을 수 있는 방법 역시 서로 마음을 터놓고 서로를 이해하는 것, 그래서 궁극적으로 서로 협력하는 것뿐이다.

님비 현상을 공익과 사익의 충돌로 생각해보자. 정부는 사회적 공익을 내세워 특정 지역에 기피 시설을 건설할 것을 주장하는 반면, 해당 지역 시민들은 사적 이익이 침해된다는 이유로 이를 반대한다. 이런 사례를 중심으로, 공익과 사익의 충돌을 대화의 관점에서 풀어본다면 어떤 식으로 풀어가야 하는지 생각해보자.

떤 연관이 있는지를 밝히는 것이다. 상대방도 마찬가지다. 개인과 개인, 집단과 집단의 이익이 부딪칠 때 각자의 상황을 솔직하게 털어놓는 것이 중요하다. 그래야만 상대방의 동의와 이해를 구할 수 있다.

둘째, 공익을 지향하며 대화를 해야 한다. 대화가 지속되기 위해서는 자신의 이익을 추구하는 동시에 사회적 공익을 추구해야 한다. 자신의 이익만을 추구해서는 결코 합일점에 도달할 수 없고 극한 충돌이 있을 뿐이다. 따라서 개인과 개인, 집단과 집단의 이익이 충돌할 때 최종 결정권자는 바로 공익 지향성이 높은 해결책을 제시하기 마련이다. 그렇다고 공익만 앞세우면 개별 시민의 사적 이익을 무시하게 되기 때문에 절대 시민들의 저항에 직면하게 된다. 결국 개별 시민의 사적 이익을 최대한 존중하는 동시에 사회적 공익을 우선하는 것이 바로 갈등 해결의 가장 중요한 지침이 된다.

셋째, 타협의 자세로 대화를 해야 한다. 타협은 곧 상대방의 의견과 이익을 받아들이는 것이며, 사회적으로 필요한 공익을 인정하는 것이다. 타협은 모든 것을 다 갖겠다는 것이 아니다. 타협은 나의 이익과 함께 상대방의 이익을 고려하는 것이며, 공익을 수용하는 것이다. 그런 점에서 타협은 결코 패배가 아니다.

넷째, 대화를 통해 도출된 합의 사항을 준수해야 한다. 대화의 최종 결과는 의견의 타협이자 이익의 타협이다. 그리고 그 결과는 준수되어야 의미가 있다. 타협을 해놓고 지키지 않으면 상호 불신을 키울 뿐이며, 이후의 대화를 가로막을 뿐이다. 대화에서 도출된 합의는 실천을 통해 입증되어야 한다.

민주주의는 바로 대화의 정치다. 시민과 시민의 사적 이익의 충돌에서부터, 집단과 집단의 대립과 갈등, 국가적인 사안을 둘러싼 견해차와 갈등은 항상 노정된다. 그때마다 힘으로 해결할 수 없는 것이 현대 사회다. 그렇기 때문에 민주주의가 더 요구되고, 대화로 문제를 푸는 것이 더 중요해진다.

제6장
키비처 되기

장기나 바둑에 훈수를 두듯, 국가와 사회에 참견을 하며 사는 건 어떨까?
현대 민주주의 국가에서 이와 같이 훈수를 두고 참견을 하는 시민을 '키비
처'라고 부른다. 키비처는 한마디로 잔소리꾼이나 훈수꾼을 뜻한다. 키비
처는 어떤 일이 진행되는 걸 보면서 잘하면 '잘한다'고 칭찬하고 못하면
'못한다'고 야단치는 사람이다. 키비처는 야단을 치는 데 그치지 않고 대안
까지 제시하는, 적극적인 개입자다.

1. 뺨을 맞아도 훈수는 둔다
―간섭하고 개입하는 시민

어르신들이 장기나 바둑을 두는 곳에 가면 항상 보게 되는 광경이 있다. 훈수 두는 사람 때문에 옥신각신하는 것이다. 우리가 보기에는 나이도 적잖은 분들이 별것도 아닌 일을 가지고 다툰다 싶지만, 당사자들에게는 꽤 심각한 문제인지 중간에 장기판이나 바둑판을 접어버리는 경우도 많다.

남이 두는 바둑이나 장기를 옆에서 지켜보면 자기가 직접 둘 때보다 판이 더 잘 보이는 경우가 많다. 왜 그럴까? 냉엄한 승부 세계에서 한 발 물러서서 객관적으로 보게 되기 때문이다. 그래서 때로는 '반드시 이길 수', '패배를 모면할 수' 같은 것이 눈에 들어오는데, 이것을 훈수하면 판세가 완전히 뒤바뀌어버린다. 이 훈수 때문에 피해를 본 측은 당연히 훈수꾼 뺨이라도 때리고 싶을 만큼 화가 난다. 그러나 훈수꾼은 승패를 완전

히 뒤바꾸어버리는 훈수의 맛을 잊지 못해 계속 훈수를 둔다. 훈수는 중독이다. 그래서 계속 훈수를 두다 결국 뺨을 맞는다. 그래도 훈수를 그만두지 않는다.

장기나 바둑에 훈수를 두듯, 국가와 사회에 참견을 하며 사는 건 어떨까? 이런 훈수를 두는 사람은 나쁜 사람일까 좋은 사람일까? 분명 좋은 사람이다. 현대 민주주의 국가에서 이와 같이 훈수를 두고 참견을 하는 시민을 '키비처Kibitzer'라고 부른다.

키비처는 한마디로 잔소리꾼이나 훈수꾼을 뜻한다. 키비처는 어떤 일이 진행되는 걸 보면서 잘하면 '잘한다'고 칭찬하고, 못하면 '못한다'고 야단치는 사람이다. 키비처는 야단을 치는 데 그치지 않고 대안까지 제시하는, 적극적인 개입자다. 키비처는 작게는 자신이 사는 마을, 크게는 자신이 사는 국가에 개입하며, 더 크게는 전 지구적인 문제에 개입한다.

키비처의 활동 영역은 따로 정해져 있지 않다. 키비처는 정치, 경제, 사회, 문화의 문제뿐만이 아니라 지역 사회와 국가, 지구 곳곳에 발생하는 모든 문제에 적극적으로 개입한다. 자신이 살고 있는 곳의 쓰레기 문제에서부터 국가 정책에 이르기까지 개입하고, 세계화로 인해 나타나는 다양한 문제들에 대해 훈수를 둔다. 키비처는 한마디로 가장 능동적인 시민, 가장 적극적인 시민이다.

현대 국가와 사회에서 키비처를 두려워하는 사람은 지역 사회의 리더가 될 수 없고, 정치인이나 능숙한 행정가가 될 수 없다. 키비처의 잔소리와 훈수를 적극적으로 받아들여 현실 정치와 정책에 반영하는 사람이 현대 민주주의의 적극적인 지도자가 될 수 있다. 키비처는 바로 직접적으로 민의를 표출하는 존재이기 때문이다.

키비처는 미국의 철학자 왈저가 고안한 개념이다. 키비처는 사적 영역에만 머물러 있는 '비(非)시민'과 저녁 시간의 대부분을 사회에 빼앗기는 사회주의적 '열성 시민'의 중간자에 해당한다. 대의제 민주주의는 수동적이고 무관심한 시민을 양산해낸다는 문제점이 있다. 그렇다고 해서 모든 시민에게 적극적으로 정치에 참여하는 완전한 공화주의적 시민이 되기를 강요할 수도 없다. 키비처는 이 양자의 중간에 있다고 볼 수 있다.

2. 시끄러운 곳 찾아가기
—키비처가 되는 과정

능력 있는 키비처가 되는 방법은 무엇일까? 즉 자신의 생각을 지역 사회, 정치와 정책에 적극적으로 반영할 수 있는 키비처가 되려면 어떻게 해야 할까?

키비처라는 민주주의의 시민으로 거듭나기 위해 해야 할 첫 번째 일은 시끄러운 곳을 찾아보는 것이다. 우선 주변을 돌아보며 현안이 되고 있는 문제가 무엇인지 눈을 크게 뜨고 살핀다. 전후좌우를 돌아봐도 눈에 띄는 게 없다면 신문을 통해 직접 시끄러운 곳을 찾아본다.

신문의 1면을 중심으로 현안을 찾아보는 것은 가장 기본적인 방법이다. 경제면의 기사를 중심으로 살펴보는 것도 좋고, 사회면을 유심히 검토해보는 것도 좋다. 반드시 크기가 큰 기사만 중요한 것은 아니다. 작은 기사도 중요한 경우가 있다. 신문에서 작게 다루어진 사안이 지속적으로 사회 문제가 되는 경우도 있기 때문이다. 예컨대 양심에 따른 병역 거부 문제 같은 것이 그렇다. 이 문제를 중심으로 키비처가 되어가는 과정을 설명해보자.

첫째, 중요한 논쟁거리가 되고 있는 사안들에 관심을 기울인다. 이것은 사회적 의제를 찾아내는 과정, 사회에서 무엇이 주된 논의 대상이 되고 있는지 다양한 방법을 통해 알아보는 과정이다. 가장 손쉬운 방법은 신문을 검색해보는 것이다. 양심에 따른 병역 거부와 대체복무제를 중심으로 살펴볼 경우, 우선 신문을 모아놓은 인터넷 사이트를 찾아간다. 그리고 그곳에서 대표적인 신문을 정해놓고, 해당 주제에 대한 기사가 어느 정도 실려 있는지 검색해본다.

그러면 1999년과 2000년에는 예컨대 〈동아일보〉에 양심에 따른 병역 거부와 대체복무제에 관한 기사가 실리지 않은 데 반해, 2001년을 기점으로 2002년과 2003년에 폭발적으로 관련 기사가 증가했음을 알게 될 것이다. 이는 〈문화일보〉, 〈조선일보〉, 〈한겨레〉, 〈한국일보〉의 경우도 마찬가지다. 이러한 사실을 통해 양심에 따른 병역 거부와 대체복무제가 사회의 중요한 논쟁거리 중 하나가 되고 있음을 알 수 있다.

> 사회적 의제에 정답은 없다. 항상 대립하고 갈등하는 것이 바로 사회적 의제의 본질이다. 대립과 갈등이 없다면 사회적 의제가 될 수 없다. 따라서 사회적 의제에서는 정답을 찾는 것보다는 무엇이 쟁점이고 그 쟁점을 둘러싼 입장 차이는 무엇인지, 어떻게 설득하고 타협할 것인지가 중요하다.

양심에 따른 병역 거부/대체복무제 관련 보도횟수(1999~2003)

	동아일보	문화일보	조선일보	한겨레	한국일보
1999	0/0	0/0	0/0	1/0	0/0
2000	0/1	0/1	0/1	1/1	0/0
2001	8/4	4/2	2/2	21/10	2/1

| 2002 | 23/17 | 20/19 | 15/22 | 65/33 | 20/14 |
| 2003 | 12/15 | 27/11 | 21/18 | 54/19 | 18/14 |

둘째, 특정 사안에 대한 논쟁의 중심 내용이 무엇인지 알아본다. 간단한 검색 기록만으로 논쟁의 내용을 알아볼 수 있으므로, 양심에 따른 병역 거부에 대한 찬성의 논리와 반대의 논리는 어떤 것인지 알아본다. 해당 신문의 사설, 시론 등의 내용을 조사해보면 이들 사안에 대한 논의가 어떻게 진행되고 있는지 대강 알 수 있다.

셋째, 논쟁의 대립점이 무엇인지 알아본다. 더 자세한 내용을 파악하기 위해서 꼭 필요한 작업은 찬성과 반대의 근거가 무엇인지 알아보는 것이다. 양심에 따른 병역 거부에 대해 찬성하는 집단이나 시민들은 무엇 때문에 찬성을 하고, 반대를 하는 사람들은 왜 반대하는지 알아본다. 신문이나 방송을 통한 토론은 대립점을 파악하는 데 특히 중요하므로 유심히 살펴볼 필요가 있다. 이때 필요한 것은 찬성하는 측과 반대하는 측의 견해에 대한 심층적인 이해다. 이를 위해서는 해당 단체들의 홈페이지에 접속해 중요 내용을 검색해보는 것이 대단히 중요하다. 그러면 찬성하는 사람들은 대체로 '양심의 자유'를, 반대하는 사람들은 대체로 '형평성의 파괴'를 이유로 내세우고 있음을 알 수 있을 것이다.

넷째, 자신의 견해와 유사한 견해를 찾아본다. 찬성의 논리와 반대의 논리를 파악하고 정리하면서 둘 중 어떤 것이 자신의 견해와 유사한지 생각해본다. 자신은 어떤 점에서 찬성 또는 반대하는지 분명하게 정리해본다. 또한 찬성과 반대의 논리에 문제점은 없는지 세밀하게 검토해보고, 양쪽에서 취할 장점이 무엇인지 알아본다. 예컨대 양심에 따른 병역 거부를 인정하되 형평성에 어긋나지 않는 한도 내에서 대체복무를 수용하는 방법이 있는지 생각해본다.

다섯째, 자신의 견해를 밝히고 관철하기 위한 방법은 무엇인지 알아보고 적극 참여한다. 이와 같이 자신의 견해가 정리되었으면 적극적으로 참여해서 자신의 생각을 밝히는 것이 중요하다. 그래야만 양심에 따른 병역 거부와 대체복무에 관한 시민의 의견이 모이고, 이를 바탕으로 시민이 동의할 수 있는 법이 만들어져, 정책에 반영시킬 수 있게 된다.

이와 같은 방법으로 호주제 폐지, 국가보안법 폐지, 사학법 개정 같은 우리 사회의 현안에 접근해보자.

3. 키비처, 주인 되기
—시민과 참여

따로 또 같이

  사회적 의제를 찾고 해야 할 일을 찾
은 다음에는 이제 참여할 차례다. 참여 방법은 대단히 폭이 넓
다. 자신에게 적합한 방법을 찾기만 하면 참여하는 것은 그리
어려운 일이 아니다.

  가장 손쉬운 방법은 혼자서 참여하는 것이다. 관련 홈페이지
게시판에 글을 올리거나 댓글을 달아 견해를 표명하는 방법,
국회의원이나 시장 또는 정부 부처의 담당자에게 직접 편지를
쓰는 방법 등이 그것이다. 좀더 적극적인 방법은 신문에 글을
기고하는 것이다. 신문은 전국적인 매체라는 점에서 문제의 전
국화에 적극 기여할 수 있다.

  이보다 적극적인 방법은 개인적으로 시위를 벌여 견해를 표

명하는 것이다. 1인 홍보 또는 1인 시위 같은 형식으로 말이다. 학내 종교의 자유를 주장했던 강의석 군의 1인 시위가 대표적인 예다. 그의 시위는 성인 수만, 수십만 명이 서명을 하고 시위를 하는 것 못지않게 우리 사회에 커다란 반향을 불러일으켰고, 커다란 변화를 가져왔다. 1인 시위라고 해서 결코 미약하지 않다. 개울물이 합쳐져 큰 강이 되고 바다가 되는 것처럼 1인 시위 역시 커다란 힘으로 불어날 수 있다.

그리고 뜻을 같이하는 사람들을 찾아서 연대하는 방법도 있다. 해당 사안과 관련된 내용을 정리해서 일반 시민들의 서명을 받거나 몇몇 사람이 연서(漣書)한 뒤 그것을 정부나 시청 또는 국회의원에게 제출하는 것도 한 방법이다. 자신과 같은 생각을 지향하는 시민 단체가 있다면 거기에 참여하는 것도 한 방법이며, 같이 활동할 수 있는 단체를 직접 만들 수도 있다.

생각거리

다음 글은 미국 센트럴 고등학교의 '환경을 위한 학생 모임' 이 자신들의 활동 내용을 알리는 보도 자료다. 이 글에 나타난 것과 같은 활동을 학교나 자신이 살고 있는 동네에서도 손쉽게 할 수 있다. 맘에 맞는 친구들끼리 동아리를 결성해 학교나 동네의 현안을 정리해보고, 이를 적극적으로 알리는 방법을 찾아보도록 하자.

학생들이 센트럴 고등학교의 에너지 낭비 실태를 밝혀내다

학생 환경 운동가들은 애니타운에 있는 센트럴 고등학교에서 에너지 낭비 조사를 실시했다. 이번 조사를 실시한 '환경을 위한 학생 모임'이라는 단체의 제인 도Jane Doe 회장은 "센트럴 고등학교가 에너지 낭비로 인한 환경 손실을 무시했을 뿐만 아니라, 창문 밖으로 납세자들의 돈을 버리고 있다"고 말했다.

에너지 낭비 조사를 통해 다음과 같은 사실들을 알아냈다. 먼저 건물 서쪽에 있는 교실들의 학생들은 고장 난 온도 조절 장치로 인해 교실이 너무 더워서 추운 날씨에도 창문을 열어놓는다. 냉·난방 장치가 3년째 손질되지 않고 있다. 그리고 조명 기구가 더럽고 먼지가 끼여 모든 빛을 통과시키지 못하고 있다.

"우리가 제안하고자 하는 변경 내용들은 비용이 거의 들지 않고, 그로 인해 절약할 수 있는 에너지 사용료 또한 크다"고 도는 말한다. 이 모임은 학교 관리 책임자들에게 다음의 변경을 시행하도록 요청했다. 건물 서편의 온도 조절기를 교체하라, 필터 청소 및 교체를 비롯하여 냉·난방 장치들을 정기적으로 손질 및 수리하라, 난방로가 더 효율적으로 작동하도록 돕기 위해 열펌프 구입을 고려하라(에너지국에 따르면, 열펌프는 전기 사용을 30~40%까지 줄일 수 있다), 학생 에너지 순찰대가 계속해서 낭비적인 에너지 관행을 감시하도록 확립하라.

환경을 위한 학생 모임은 이와 같은 변경들의 시행에 따른 절약분을 측정하기 위해 앞으로 몇 달간 센트럴 고등학교의 사용료 청구서들을 조사해볼 계획이다.

1991년에 결성된 환경을 위한 학생 모임은 에너지 효율, 재활용 그리고 기타 환경 문제들을 촉진시키기 위해 센트럴 고등학교 학생 300명이 활동하고 있는 단체이다.

—캐서린 아이작, 《우리는 참여와 행동을 통해 민주주의로 간다—교사 · 학생 · 시민을 위한 사회참여 길라잡이》, 조희연 옮김(아르케, 2002), 326

단체로 활동할 때는 먼저 꼼꼼하게 조사 활동을 벌인 뒤, 거기서 얻은 내용을 전단, 포스터, 게시판 등을 이용해 일반 시민들에게 직접 알린다. 또한 소식지와 보고서 등을 작성해 해당 문제에 깊은 관심을 갖고 있는 시민들에게 보다 많은 정보를 제공하고, 공청회나 토론회 등을 열어 다수의 시민들이 이 문제에 관심을 갖도록 유도한다. 직접 제작한 비디오 등을 상영하는 것도 대중적 관심을 모으는 한 방법이 된다.

키비처는 민주주의의 동지다

민주주의 사회의 시민으로서 키비처가 되는 것은 권리이자 의무다. 시민은 키비처가 됨으로써 비로소 수동적 시민에서 벗어나 국가와 사회의 주인으로 다시 태어난다. 키비처가 된다는 것은 국가의 모든 영역에 주체적으

로, 능동적으로 적극 참여한다는 것을 의미하기 때문이다.

시민이 키비처가 되기를 포기하는 순간 정치와 행정은 제멋대로 흘러간다. 그러나 시민이 키비처가 되면 상황은 달라진다. 키비처는 국가의 정책을 바꿀 수도 있고, 법을 바꿀 수도 있다.

키비처는 느끼는 만큼, 아는 만큼 먼저 실천하고 참여하는 시민이다. 키비처는 국가와 사회의 주인임을 선포하는 시민이다. 원한다면 누구든지 키비처가 될 수 있다. 나이도, 학력도, 성별, 지위의 높낮이도 상관이 없다. 키비처는 누구에게나 열려 있다. 먼저 참여하는 사람, 열심히 참여하는 사람이 최고

〈인사이더〉라는 영화의 소재로 등장하기도 했던 '인사이더insider(내부고발자)'와 '키비처'는 어떻게 다를까? 둘 다 용기 있고 정의롭다는 점에서는 같다. 차이점은 키비처가 사회적인 문제를 다룬다면, 인사이더는 특정 집단의 문제를 파헤친다는 데 있다. 또한 키비처는 사회의 공공선 증진과 관련이 있고, 인사이더는 특정 집단 내부의 문제를 폭로함으로써 공공의 이익을 향상시킨다.

주인공이 되고, 최고 전문가가 된다.

키비처는 혼자서도 용기를 내는 사람이며, 많은 사람들이 뜻을 같이해주면 더 흥이 나는 사람이다. 키비처 없는 민주주의는 곧 영양실조에 걸려 힘을 잃게 된다. 키비처는 참여를 통해 민주주의에 영양분을 주고 민주주의를 꽃 피우는 존재다.